Cerddi'r Cymoedd

Cyfres Cerddi Fan Hyn

Golygydd

Manon Rhys

Golygydd y gyfres

R. Arwel Jones

Gomer

Argraffiad cyntaf – 2005

ISBN 1 84323 605 2

ⓗ y casgliad hwn: Gwasg Gomer
ⓗ y cerddi: y beirdd a'r gweisg unigol

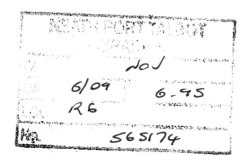

Dymuna'r cyhoeddwyr gydnabod cymorth
Adrannau Cyngor Llyfrau Cymru.

Cyhoeddir o dan gynllun comisiynu
Cyngor Llyfrau Cymru.

Argraffwyd gan
Wasg Gomer, Llandysul, Ceredigion SA44 4JL

CYNNWYS

RHAGYMADRODD

Nod pob un o gyfrolau'r gyfres hon o flodeugerddi yw casglu ynghyd gant o gerddi am un ardal benodol, ei lleoedd, ei phobl a'i hanes. Yn wahanol i flodeugerddi eraill a seiliwyd ar uned ddaearyddol, cyfres *Awen y Siroedd*, er enghraifft, doels dim gwahaniaeth o ble mae'r bardd yn dod; yr unig ystyriaeth o ran *Cerddi Fan Hyn* yw ei fod ef neu hi yn canu am yr ardal dan sylw. Cyfyngwyd cyfraniad pob bardd i ddim mwy nag wyth o gerddi ac yn yr un modd ceisiwyd cyfyngu ar nifer y cerddi i un testun penodol.

Cyfyngwyd y dewis i gerddi a oedd yn ddealladwy heb gymorth nodiadau ysgolheigaidd gan ofalu cynnwys y disgwyliedig a'r annisgwyl, y cyfarwydd a'r anghyfarwydd, yr hen a'r modern, o ran beirdd a thestunau. Cymerodd ambell fardd ran fach ar y llwyfan cenedlaethol tra bod ambell un arall wedi chwarae rhan cawr ar y llwyfan lleol; ceisiwyd cynnwys enghreifftiau o waith y naill fel y llall.

Y gobaith yw y bydd y gyfres hon yn un y bydd pobl yr ardaloedd dan sylw a thu hwnt iddynt yn troi ati wrth chwilio am eu hoff gerdd am yr ardal neu wrth chwilio am rywbeth ychydig yn wahanol, ac y bydd yn cynnig darlun o ardal, ei phobl a'i hanes yn ogystal â bod yn ffynhonnell o wybodaeth am yr ardal y byddai'n rhaid lloffa'n eang amdani fel arall.

R. Arwel Jones

RHAGAIR

Gwiwer goch yn sboncio o gangen i gangen o'r naill ben i'r cwm i'r llall: dyna un ddelwedd gofiadwy – a chwbl ramantaidd – o'r Cwm Rhondda cyn-ddiwydiannol. Mewn stori fach am 'Fy Nghwm' a ysgrifennais yn yr ysgol gynradd, fe sbonciodd Cochyn, y wiwer wallgo, o do i do, o simne i simne, o erial teledu i wifren drydan i bolyn lamp i bolyn telegraff yr holl ffordd rhwng Trehafod a Blaen-cwm cyn glanio ar dderwen braff a bwyta'i gwledd haeddiannol o fes.

Erbyn cyfnod fy mhlentyndod yn y 1950au, roedd ambell un o'r trigolion cynhenid hynaf yn cofio'n ôl i'r 1880au ac yn dal i siarad Cymraeg gloyw y Gloran o hyd. Ond roedd y cof am y cwm gwledig hwnnw, cyn cyfnod darganfod yr haenau o aur du, cyn suddo'r pyllau, cyn rheibio'r tir a thorri'r coedwigoedd a phentyrru tipiau glo, wedi hen bylu. Ac eithrio ambell werddon brin o barc chwarae neu alotment, roedd Cwm Rhondda erbyn hynny, fel y rhan fwyaf o'r cymoedd diwydiannol, yn labrinth cymhleth, clawstroffobig: pyllau a ffatrïoedd a gweithfeydd, strydoedd o dai teras yn stribedi cul, gwlis tywyll yng nghefnau'r tai. Ac adeiladau enfawr – capeli ac eglwysi, ysgolion a llyfrgelloedd, tafarnau a chlybiau yfed a'r *Workmens' Institutes* – yn taflu'u cysgodion llwyd dros y cyfan.

Rhondda Fawr, Rhondda Fach, Cynon, Merthyr, Rhymni, Ebwy a Sirhywi – y cymoedd diwydiannol hynny sy'n gwyro o'r ucheldiroedd i lawr tua'r de-ddwyrain – yw ardal y flodeugerdd hon. Cymoedd y tlodi a'r caledi yn llaw'r meistri glo a haearn; cymoedd y stoiciaeth yn wyneb anghyfiawnder; cymoedd y meithrin ymwybyddiaeth wleidyddol a'r frwydr gynyddol dros gyfiawnder. Nid wyf am ymddiheuro am gynnwys yn y casgliad hwn gynifer o gerddi sy'n pwysleisio'r elfennau hanesyddol a gwleidyddol hyn. Dyma'r darlun sy'n brigo i'r wyneb dro ar ôl tro, gan fardd ar ôl bardd o gyfnod i gyfnod. Nid darlun 'ystrydebol' o ddioddefaint yn sgil diwydiant a geir ganddynt ond portread o realiti bywyd beunyddiol y cymoedd hyn dros y blynyddoedd. Ac er gwaetha'r dioddefaint, fe welir dycnwch a dewrder, haelioni a charedigrwydd, a hiwmor a llawenydd cynhaliol yn wyneb trasiedïau enbyd. (Mae'r rhestr dorcalonnus o enwau'r lladdedigion ar dudalen 19 yn dyst parhaol i'r enbydrwydd hwnnw: aelodau o'r un teulu yn marw gyda'i gilydd – tadau a'u meibion, brodyr, llanciau, bechgyn bach. Ac, yn y cysgodion, heb eu rhestru, y mamau a'r gwragedd a'r chwiorydd yn aros, ac yn wylo).

Dyma gymoedd Ffynnon Fair, Pen-rhys a Choed Glyn Cynon; gwrthryfel Merthyr ac arwriaeth Dic Penderyn; ffrwydriadau tanddaearol a'r gwrhydri yn eu sgil. Dyma ardal William Price a Guto Nyth Brân; Alun Lewis ac Idris Davies; Pennar a Rhydwen a Ben Bowen; Robat Powell a Gareth Alban. Dyma ardal fabwysiedig Keir Hardie, Kitchener Davies a Dafydd Islwyn; ardal tafodiaith J. J. Williams, Dyfnallt Morgan a Rod Barrar; cartref Sioni a Magdalen a Dai. Dyma'r cymoedd a ysgogodd awdl boblogaidd Gwilym Tilsley ac a ysbrydolodd Cynan, R. Williams Parry ac I. D. Hooson ymhlith y beirdd niferus o bant. A dyma'r cymoedd sy'n gefndir i waith beirdd ifainc a chyffrous fel Catrin Dafydd ac Aneirin Karadog.

Dyma ardal y tribannau a'u dychan a'u hwyl a'u hadnabyddiaeth lem o'r natur ddynol; yr hen benillion oesol eu gweledigaeth ynghylch gofid a llawenydd; a'r baledi, wedyn, sy'n cofnodi digwyddiadau llond a lleddf y dydd yn well nag unrhyw bapur newydd.

A dyma ardal Aber-fan.

A bellach, dyma gymoedd yr adfer a'r ail-lasu: yr hagrwch yn cilio a'r harddwch gwyrdd yn dychwelyd yn sgil colli'r diwydiannau trwm; y camau petrus cyntaf yn cael eu cymryd ar y daith o adennill y Gymraeg. Mae'r ffynhonnau'n fyw, yn ôl sawl argoel.

Hoffwn ddiolch i'r rhai a fu o gymorth imi yn y gwaith o gywain y flodeugerdd hon:

Rocet Arwel Jones am ei arweiniad a'i gyngor mewn cyfyngder;

Bethan Mair am lywio'r gyfrol yn ddiogel ar hyd y daith;

Huw Walters a Siân Rhiannon Williams am eu hawgrymiadau;

E. Wyn James, Dafydd Islwyn a Tegwyn Jones am eu twrio dyfal ac am fod mor barod i rannu eu gwybodaeth a ffrwyth eu hymchwil;

Jim am drafod a rhoi ei farn – ac am ei amynedd diderfyn arferol.

Diolch arbennig i Christine James am yr holl gymwynasau uchod – ac am roi o'i hamser prin i'm hannog a'm cyfarwyddo yn ei dull nodweddiadol fwyn. Iddi hi, un o ferched Cwm Rhondda, fel minnau, y cyflwynaf y gyfrol hon.

Manon Rhys

Y CYMOEDD

Hen amlinell dywell ar daen
    trasiedi o wagenni gwag,
a'r hin deufin drwy'r seidin du
    yn ddyrnau, cleddau i'n clai.

Tipiau y tir, rhandir rhaib,
    man lle y mae'r cyfan wedi cau;
yma, chwaraeem a neidiem doe,
    yn fodlon dros olwynion a rheiliau.

Tadau a mamau mud,
    yn ildio'n ara' wrth fegera i fyw;
a'u plant, newynant yn noeth,
    newyn chwyrn yn herio'u hesgyrn gwan.

Hen enwau yw'r enwau nadd
    ar gofebau a chalonnau lu,
a'r Dyffryn a Nant Melyn mwy,
    yn gysegrleoedd ac ardaloedd hud.

Rhydwen Williams

DARLUNIAU

(I Gymoedd De Cymru)

(Detholiad)

Rwy'n gweld wyneb yr hen gwm
yn drist a'r dagrau yn drwm
wedi'u herlid â hirlwm.

Dwy ael fu'n chwysu dolur
a gwên sy'n cuddio hen gur
yn chwalu haenau'i cholur.

Hen fochau oer, afiach ŷnt
yn rhynnu'n y dwyreinwynt,
tristwch sy'n llifo trostynt.

Gafael yn ei ysgyfaint
wna llwch yr holl lo, a'i haint
yn annog rhychau henaint.

       ★   ★   ★

Â chof na ŵyr am gofio
y daw'r rhai chwil heb dri cho'n
ddihirod heb ddihareb
na iaith, a'u cyndeidiau'n neb;
ar feiciau ânt drwy faw ci,
criwiau'n hawlio'r corneli
yn wystlon i fis Ionawr
a dim i'w wneud yma nawr.

Drwy'r cwm, draw ar y comin,
rhua haint yr heroin
at oerfel capel 'di cau;
offeiriaid y cyffuriau'n
rhoi eu bendith i'r bandit
am un awr ag amen *hit*.

'*Hiya luv*' yw'r alaw hyll
a genir wrth ymgynnull
yn hwyrnos y tafarnau.
'*I'd do you!*' sy'n uno dau,

Syched merched amharchus
a chwant y bechgyn yn chwys
a'r iaith fain drwy'r nerth o fod
yw'r tyfiant ar y tafod.

Dymunaf weled Monet,
nid twyll a loes twll o le,
graffiti, gŵr a phutain
(y rhwd yn yr injan yw'r rhain)
a gwan iawn yw'r eginhad
yr Heniaith yn y drinad.

★ ★ ★

Rhwyfa'r bardd ar fôr y byd
a rhwyfa'r peintiwr hefyd,
y rhain sy'n dal yr ennyd.

Dyluniaf ein chwedloniaeth
yn awdl i bob cenhedlaeth
o greu celf â geiriau caeth.

Yn oriel llawn Aneirin,
gwaed ei waedd o'r Gododdin
sy'n herio a pheintio ffin.

Yn straeon manylion mân
angerdd sy'n cael ei yngan,
Van Gogh sy'n fyw yn y gân. [. . .]

★ ★ ★

Af am ennyd at wynfyd fy nghynfas
a pheintio gardd lawn o flodau barddas,
yn lle hirlwm – lliwiau irlas; daw iaith
gobaith a'r campwaith yn fyw o'm cwmpas.

I droi bwledi'r rebel a'i wawdio'n
gusanau cariad, calonnau'n curo,
peintiaf lun a dihuno'r dadeni
â'r cwm a'i regi'n dechrau Cymreigio.

Daw rhyw oleuni o olew'r darluniau
fel hynt hen gerrynt drwy rythm y geiriau'n
hwb o hyder i'n bywydau a'n byd
yn lliw i gyd, yn sêr mewn llygadau.

Â'n hasbri daliwn yr ysbrydoliaeth
a rhoddwn gred yn ein gweledigaeth,
a hudwn â'n cenhadaeth, a ninnau
yn canu awdlau ymhob cenhedlaeth.

Aneirin Karadog

Y CYMOEDD DIWYDIANNOL

(Rhan)

Glynogwr, Glyntyleri, Glyncastell,
Gelliceidrim a'r Gelli,
Garngoch, Garn Slope a'r Lucy,
Graig Fawr a'r Garw-Ffaldau.

Dau gant a mwy ohonynt,
a'r glaswellt sy'n ymledu drostynt,
i'w cuddio, ond fe gofiwn
y gwaed dan y gwyrddni hwn.

Glenhafod a Glenrhondda, Glyncorrwg,
Rhas, Rhigos a Rhisga,
Pwllbach, Pwllgwaun a Bwllfa,
Islwyn, Ystalyfera.

Gwyddor goffa'r glofeydd yw hon, y pyllau,
mor ddwfn â thorcalon,
lle'r aeth dynion i'r purdan
a thynnu golau i'r lan.

Grahame Davies

PAN OEDDWN FACHGEN

Pan oeddwn fachgen yr oedd bro ryfeddol
yr ochr draw i'r mynydd:
yr haul yn sioncach yno, ym mlodau'i ddyddiau;
y lleuad yn fwynach, a'i gorchudd o gyfaredd
yn gorwedd yn ddiwair ar dwyn a dôl;
y nos fel sagrafen,
y wawr fel serch ieuanc,
y nawnddydd fel sglefrio ar y Môr o Wydr,
yr hwyr fel hoe wedi lladd gwair;
wynebau'r werin fel llestri tseina
a'u lleisiau fel ymson dyfroedd dirifedi
rhwng ffynnon a môr,
a'r bobl yn feibion a merched dihenydd,
yn dywysogion ac iarllesau yn y llys;
a holl linellau natur, meddwl, cymdeithas
a dawn ac ewyllys ac aberth
a'r achub a'r trueni a'r hedd,
holl linellau menter, hawl, tosturi,
yn cyfarfod draw ar wastad y llygad
mewn pwynt darfodedig, diddarfod
a elwid Nef;
a'r cyfan yr ochr draw i'r mynydd,
ym Merthyr, Troed-y-rhiw ac Aber-fan,
cyn imi groesi'r mynydd
a gweld.

Pennar Davies

AWDL FOLIANT I'R GLÖWR

(Detholiad)

Caner, a rhodder iddo – glod dibrin
   Y werin a'i caro;
    Nydder y mawl a haeddo
    I arwr glew erwau'r glo.

Erwau'r glo dan loriau'r glyn – yw ei le,
   Gyda'i lamp a'i erfyn;
    I'w ddu gell ni ddaw dydd gwyn,
    Ni ddaw haul yno i'w ddilyn.

Dilyn dan las y dolydd – a'i lafur
   Yn y lofa beunydd,
    Disgyn, a dilyn bob dydd
    Y du faen dan lwyd fynydd.

O'r mynydd â i'r mannau – lle nid oes
   Llwyn na dail na blodau,
    Ond ffyrdd gŵyrgam y dramiau,
    A llwythog wyll, a tho gau. [. . .]

Brasgama'r llanc o'i ifanc Fehefin
Yn wyn ei awydd, ond gwan ei ewin;
Caiff yn lle coleg y garreg erwin,
A rhaw i'w ddwylo, a llawr i'w ddeulin;
Daw'n hogyn glas i'r ffasin' – i fyw'n gaeth
A than lywodraeth yn ŵyl a hydrin. [. . .]

Gŵyr dreulio'i amser rhwng y pileri
Dan berygl pwysau creigiau yn crogi;
Gŵyr am bryderon dyfroedd yn cronni,
Neu'r ffoi anturus a'r rhaff yn torri,
A gŵyr ef am y dwys gri – pan chwalwyd
Yr haen a daniwyd a rhywun dani. [. . .]

Rhoddir anrhydedd heddiw,
Ac urddas ar was mor wiw;
Gwlad a wêl galedi'i waith,
Ei ferroes a'i lafurwaith.

Senedd a'i hanrhydedda,
A'i lafur hael a fawrha,
Arian gwlad am drin y glo
A rydd i'r gŵr a'i haeddo.

Rhoir ei lun ar furiau'r wlad
Yn ŵr dewr, clir ei doriad,
Gŵr mentrus, heintus ei wên,
A galluog a llawen.

Ni roir ei gur ar furiau,
Na'i boen ar bosteri'r bau;
Dianaf ydyw yno,
Ystwyth dan ei lwyth o lo. [. . .]

Yr awran treulia'r oriau – yn glwyfus,
    O'i glefyd a'i boenau,
  A thrwy ing teithia'r angau
  I'w annedd ef yn ddi-au.

A diau, pan ddistawo – ni welir
    Y miloedd yn mwrnio;
  Ond daw pedwar i gario
  Gŵr y graith i gwr y gro.

Gwilym R. Tilsley

CRI Y GLÖWR

Y mae aelwydydd Cymru lân
  Fu'n llawn o gân gorfoledd
Yn gweled heddiw'r plantos llon
  Yn dlodion ym mhob annedd;
Mae ing ein hamgylchiadau blin
  Yn gwthio'i hun i bobman,
Ac weithian dan y newyn du
  Mae glowyr Cymru'n griddfan.

Mae cân yn troi'n ochenaid drom,
  Mae siom yn lladd gobeithion,
Nid oes ond newyn ar bob llaw,
  A braw yn llanw'n calon;
Mae'n galed fod y glowyr du,
  Sy'n methu cael iawnderau,
Yn gorfod mynd heb ddim ond cri
  At ddrws tosturi weithiau.

Ffarweliwyd â chartrefi draw
  Am law o help tosturi –
Nid help i herio meistri yw,
  Ond help i fyw mewn tlodi;
'Fydd Cymru roes ei hun mewn gwaed
  Dan draed yn lle'i hiawnderau
Yn ôl â'i llaw i gael y wawr
  I dorri'n awr drwy'n heisiau.

Pa le mae Cymru, gwlad y gân,
  A Chymru lân ei chariad,
Sy gymaint am ei bri drwy'r byd,
  Sy fwy mewn cydymdeimlad?
A gaiff griddfannau y 'can mil'
  O hil Brythoniaid glewion –
Griddfannau'r glowyr – bywyd byd,
  Droi'n fud heb gwrdd â'i chalon?

Ben Bowen

I SYR WILLIAM THOMAS LEWIS,
ARGLWYDD MERTHYR O SENGHENNYDD

(1)

Syr William – tad y newyn du –
Sy'n sathru ar ein hawliau ni;
Mae am ein gwneud yn is o hyd
Nag unrhyw ddosbarth yn y byd.

Anhysbys

(2)

MAE CYMRU HEDDIW'N GWYWO

Mae Cymru heddiw'n gwywo
   Dan ddwylo gormes cas;
Syr Wil sydd ynddi'n riwlo
   Fel Pharo llym di-ras;
Caethiwed Aifft masnachol
   Sy'n bwyta'n llwyr ein hedd, –
Ond daw yn nef hawddgarol
   Pan aiff Syr Wil i'r bedd.

Gafaelion tlodi chwerw
   Ymglymant am ein gwlad;
Mae miloedd bron â marw
   Dan law Syr Wil a'i frad;
Cais ladd y gweithiwr gwrol
   Â brath newynol gledd, –
Ond daw yn nef hawddgarol
   Pan aiff Syr Wil i'r bedd.

Syr Wil sy'n lladd ein masnach,
   Syr Wil fradycha'n gwlad,
Syr Wil a'n gwna ni'n dlotach
   Drwy werthu glo mor rhad;

Syr Wil â'i law ormesol
   Sy'n gyrru ffwrdd ein hedd, –
Ond daw yn nef hawddgarol
   Pan aiff Syr Wil i'r bedd.

Anhysbys

TOMEN MAMON

(Aber-fan)

Llaciwyd sylfeini'r llaid gan ocheneidiau
Gweddwon a chlwyfedigion pyllau'r wlad,
A chan gryndodau griddfan yr eneidiau
A roes eu chwys a'u gwaed yn hael a rhad;
Dagrau'r amddifaid a fu'n mwydo'r domen
A'i gwneud yn feddal ar y bryncyn serth,
Y mân ffynhonnau'n fwrlwm dan y gromen,
A'r rhew a'r gafod yn tanseilio'i nerth;
Pryder a thlodi'r glowyr yn meddalu
Cerrig a llwch y glo a'u gwneud yn chwâl;
A chladdwyd plant y dewrion a fu'n malu
Creigiau'r mynyddoedd am ychydig dâl;
Dagrau a gwaed y tadau'n boddi'r plant
Pan lithrodd tomen Mamon tua'r pant.

T. E. Nicholas

CWM RHONDDA

Cwm Rhondda, dyma gwm domog – cwm tarth,
    Cwm twrf, cwm gorgreigiog;
   Cwm llun y sarff, cwm llawn o so'g,
  A chwm culach na cham ceiliog.

Thomas Evans (Telynog)

13

CWM RHONDDA

Medd crwt o'r Rhondda wrthyf,
   'Fe elai'r wiwer gynt
O bren i bren trwy'r Dyffryn
   Yn gyflym fel y gwynt.
Ond cerddai cath go heini
   O Flaen y Cwm i lawr
(A llamu ambell heol)
   Hyd gribau'r tai yn awr.'

Chwychwi, a dreisiodd lendid
   Morwynig wyllt y Cwm,
A'i gadael yn anafus
   Yn aflan ac yn llwm;
Rhowch goed i wisgo'r bronnydd
   Os rhaid dinoethi'r pant.
Hiraethu am le i chwarae
   Mae'r wiwer fach a'r plant.

Cynan

SENGHENNYDD

Cerddais y dref yng nghil y dyffryn gwyw
    Drwy niwl a glaw a mwg y pyllau glo;
    Gwelais eglwysi lu, yn dwyn ar go
Hiraeth y miloedd am dangnefedd Duw,
A gorffwys rhag blinderau dynol ryw;
    Ond pwysai duach cysgod ar y fro
    Na mwg y pyllau, cysgod trwm y tro
A roisai'r cannoedd mud yn aberth byw
Ar allor golud Rhai. A thraw mewn tŷ,
Roedd gwŷr y gyfraith ac arglwyddi gwanc
Y llogau mawrion, wrthi'n holi'n hir
    Ar bwy oedd y bai, pa fodd y bu
Ysgubo'r cannoedd i druenus dranc:
    Er nad oedd yno un na wyddai'r gwir.

T. Gwynn Jones

15

TANCHWA

(*Senghennydd 1913*)

(Detholiad)

Daeth Hydref i'r cartrefi – yn gynnar,
  Ac oerwynt caledi
  A'i iasol, ddagreuol gri
  Ar ras hyd doeau'r rhesi.

Rhesi'r cwm yn llwm a llwyd,
Ôl hualau a welwyd
Yn carcharu teuluoedd
I'r byd hagr, a bywyd oedd
O hir alar i'r rhelyw,
Oes o boen wrth geisio byw.

Llinyn o stryd yn llawn strach
A chyfer peswch afiach.
Yn filain ei gyfeiliant,
Oeraidd dôn yn llwyr ddi-dant
Yw arwydd codi'r bore,
Fe'i clywir yn llenwi'r lle. [. . .]

Daw'r alwad – dur yr hoelion,
Ânt heibio yn taro tôn
Yn y gwyll, cyn dod i'r sgwâr
Yn gannoedd i'r shifft gynnar.
Dônt at grocbren pen y pwll,
Tu allan mewn tywyllwch.

Ias y siafft, ei chaets, a'i sŵn
Yng nghrôg ar riniog 'r annwn,
Yn elor dan chwylolwyn
A'i rhod bob diwrnod, sy'n dwyn
Y fyddin dad-berfeddu
I laid oer a rwbel du. [. . .]

'Be sy'n awr? Y nwy, bois, nwy!'
A'i lid anweladwy
Yn y glec a rwyga'r glo;
Hwn ddug gaddug i guddio
Golau y diogelwch
Dan goflaid y llaid a'r llwch.
Yn ddiymdroi, rhaid ffoi o'r ffâs
O hualau'r alanas
Sy'n nos a'i sŵn yn nesu
Yn banig dieflig, du.

Hollti a wna y fellten,
Sbarcio a neidio drwy'r nen,
A'r fflach wenfflam yn llamu
Yn olau hyd furiau, fu
Unwaith yn rhai i gynnal
Yn saff, craig galchfaen a sial
Ar gryfder y pilerau
Pob dwy lathen o bren brau;
Un eiliad fu'n eu chwalu
Un eiliad o far'nad fu
I agoriad, tan gario
Bedd i gelanedd y glo.

Arthur Tomos

17

TRIBANNAU

Yng nglofa Lletysiencyn[*]
Bu tanchwa sad a sydyn
Pan laddwyd tri a hanner cant
O annwyl blant y dyffryn.

Y flwyddyn bu'r digwyddiad
Oedd deunaw cant diymwad
A hefyd bedwar deg a naw,
A pharodd fraw drwy'r hollwlad.

Jenkin Howell

[*] Cwm-bach, Aberdâr, Awst 10, 1849.

CÂN ALARUS

Yn rhoddi hanes y
DDAMWAIN
A gymerodd le yn
Mhwll y Cymer
Ger PONTYPRIDD
Ar fore dydd Mawrth, 15 Gorffennaf, 1856
Pryd y
Collwyd 114 o Fywydau
Trwy i'r Damp danio

Enwau ac Oedran y lladdedigion:

Matthew Evans 66 oed, Philip Evans 22, Jenkin David 32, David Daniel 25, Thomas Lewis 30, Evan Hugh 24, John Hugh 18, William Hugh 14, Peter Griffiths 15, Henry Griffiths 13, David Powell 13, William Llewelyn 33, Rees Jenkins, John Jenkins 18, David Jenkins 10, David Thomas 29, John Isaac 17, William Martin 23, Thomas Jones 10, Benjamin Rees 42, Thomas Llewelyn 28, D. Thomas 14, J. Salathiel 18, Wm Lewis 36, David Lewis 22, David Davies 15, John Thomas 18, Wm Callacott 12, E. Howells 22, D. Howells 17, T. Hopkin 26, J. John 64, J. Morgan 15, T. Rees 36, W. Evans 17, D. Morgan 14, T. Williams 38, R. Rees 27, T. Davis 13, D. Davis 10, Isaac John 18, G. Griffiths 18, Aaron Rees 23, Wm. Davis 28, John Roberts 11, Thos Matthews 40, Thomas Williams 34, Billy Jones, Gomer Thomas 11, Henry Jarvis 18, John Evans 16, James Evans 12, Rees Thomas 16, Walter Miles 17, R. Miles 10, Hezekiah Davies 37, Thos. Davies 11, Eli Davis 10, Morgan David 18, Matthew Miles 11, Isaac Morgan 18, David Morgan 23, Evan Lewis 26, Morgan Evans 15, Nathaniel Evans 57, Daniel Thomas 21, Thomas Davis 20, George Soloway 66, Henry Soloway 13, Evan Philips 45, William Thomas 19, Thomas Andrews 26, R. James 15, Morgan Morgan 18, Enoch Morgan 15, Thomas Morgan 12, Enoch Jones 22, Henry Jones 18, Daniel Lewis 30, David Richards 34, Hezekiah Richards 24, David Morgan 17, W. Jenkins 40, William Jenkins 12, Wm Williams 28, John Rees 12, Morgan Morgan 42, Benjamin Evans 14, John Williams 48, Daniel Williams 17, Edward Davis 10, Thomas Edwards 12, William Morgan 12, David John 37, J. John 11, Lazarus John 10, P. Williams 15, T. Davies 17, David Harris 15, William Rees 41, Samuel Edmunds 39, William Edmunds 11, William Haves 12, Edward Lewis 39, Thomas Lewis 12, William Evan 46, John Evan 18, Llewelyn Thomas 13, Morgan Evans 16.

Trwm yw'r newydd, tra mawr niwed
Sydd i'w glywed nos a dydd;
Mae yng Nghwm Rhondda, Sir Forgannwg,
Ugeiniau nawr â'u bronnau'n brudd;

19

Angau creulon, gelyn dynion,
Â'i saethau llymion sydd yn lladd;
Nid yw'n arbed boneddigion
Fwy na'r dynion isel radd.

Gorffennaf, sef y pymthegfed,
O mor drymed cofio'r tro;
Yng Nghwm y Rhondda, er mawr alar,
Y damp a daniodd mewn pwll glo;
Enw'r fan yw Pwll y Cymer,
Lle y gweithiai'r coliers cu,
Oherwydd hyn y gwelir dagrau
Yn llifo'r llawr mewn llawer lli.

Y coliars aethant yn y bore
I mewn i'r gwaith – medd geiriau gwir,
Heb feddwl mai y diwrnod hwnnw
Y caent ddioddef arw gur;
Y damp a daniodd yno rywfodd,
Gan beri i lawer boen a briw,
I maes o'r cant ac un ar bymtheg,
Nid oes yn bod ond dau yn fyw.

O mor chwerw oedd yr olygfa,
Mae hynny'n hysbys i ni nawr,
Tadau a mamau yn gweld eu meibion
Yn trengi yn eigion daear lawr;
Y meibion hwythau yn gweld eu tadau
Tan 'winedd angau ar hyn o bryd,
Trwy nerth yr elfen dân ddychrynllyd
Caent fyned i'r anfarwol fyd.

Er iddynt geisio cael diangfa
Roedd angau a'i saethau yn agosáu,
Hwythau yn ymyl bro marwolaeth
A drws pob gobaith wedi ei gau;
Roedd nerth y tân a'r *sulpher* creulon
Yn mogi'r dynion yn y fan,
A rhai ohonynt ga'dd eu llosgi –
O'r fath galedi ddaeth i'w rhan.

Pan ddaeth gwybodaeth trwy'r gymdogaeth
    Roedd pawb yn rhedeg yno'n syn,
  Mewn tristwch calon gyda'i gilydd,
    Pan glywsant am y newydd hyn;
  Er gwneud eu gorau i'w cynorthwyo,
    Nid oedd modd i'w safio mwy:
    Yr angau glas â'i gledd dinistriol
    A roddodd iddynt farwol glwy'.

  Gwragedd gweddwon sy'n galaru
    Ar ôl eu gwŷr yn oer eu cwyn,
  A llefain mae y plant amddifad,
  Gan ddweud, 'Collasom dadau mwyn';
    Rhai'n wylo hefyd am eu brodyr,
    Hir iawn y cedwir hyn mewn co',
  Mae pawb yn dweud mewn llais tosturi,
  Fu 'rioed fath g'ledi mewn gwaith glo.

  Gweddïwn bawb yn ddyfal beunydd
    Ar Grist am grefydd yn ei grym,
    Ymdrechwn fod yn hollol barod
    Cyn delo dyrnod angau llym;
    Os byddwn felly nid rhaid ofni
    Na chawn ni wynfyd nefoedd wen,
    I ganu'r anthem yn ddiorffen
  Yng ngwlad y wledd mewn hedd, Amen.

                              Anhysbys

CYSGODION

(*Wedi streic glowyr 1984–5*)

(Detholiad)

Rhwyg oren ar y gorwel – a haul oes
    Ar foel hir yn diwel
   Ei loes ddistaw i'r awel
   A meini cwm yn wae cêl.

Anwydog y cysgodion – ar eu rhawd
    Trwy redyn encilion
   I fwrw ias ar y fron
   A gwau draw i'r godreon. [. . .]

Oer y düwch ar doeau – anafus
    Pentrefi y llethrau,
   A nosgan eu griddfannau
   Yn y tir mall yn trymhau.

Wedi haf ein llid ofer – a'n hangen
    Gostyngwyd y faner;
   Y rhynnu mawr yn ein mêr,
   Yr adwy lond ein breuder. [. . .]

Fe dreiai haf yn ddolef hydrefol
A darfu aeron olaf criafol,
Ymwingai derwen o'i hangen ingol
A rhaib y rhewynt yn friw boreol
Yn ei gaeaf eithafol – heb wanwyn
Na hyder i'w dwyn o'i heth dirdynnol. [. . .]

Daw hen ŵr yn llwyd y nos
I'r wig ar lethrau agos.
Uwch tawelwch y tyle
A grŵn y dail gwrendy e
Hen emynau y meinwynt
O wleddoedd ei gymoedd gynt.

Gwêl o hyd y talcen glo
A llun pob cyfaill yno;
Dring o ddyfnderoedd angof
Y caets i oleuni'r cof
A dwyn a fu trwy'r düwch,
Dwyn breuddwyd lwyd o'r hen lwch. [. . .]

Heno, lle cyrchai unwaith,
Mae rhwd ar sgerbwd y gwaith.
Gwêl ei bwll dan glo bellach,
Rhyw hen grair fel esgyrn gwrach,
A lleuad y dylluan
Fel dedfryd fud uwch y fan.

Robat Powell

ABER-FAN

I Hamelin erstalwm,
    Os yw'r hen stori'n ffaith,
Fe ddaeth rhyw bibydd rhyfedd
    Yn gwisgo mantell fraith.

A'r pibydd creulon hwnnw
    A aeth â'r plant i gyd
A'u cloi, yn ôl yr hanes,
    O fewn y mynydd mud.

A Hamelin oedd ddistaw
    A'r holl gartrefi'n brudd,
A mawr fu'r galar yno
    Tros lawer nos a dydd.

Distawodd chwerthin llawen
    Y plant wrth chwarae 'nghyd,
Pob tegan bach yn segur,
    A sŵn pob troed yn fud.

Trist iawn fu hanes colli
    Y plant diniwed, gwan,
Yn Hamelin erstalwm,
    Heddiw yn Aber-fan.

T. Llew Jones

DAU LÖWR:
ER COF AM RHYS RICHARDS AC IFAN LEWIS

'Elwn i 'nôl 'no 'fory!'
ebe Ifan wrth Rhys,
ei amynedd ym mhleth ei ddwylo
a'i groen a'i lais yn grych.
'Dryso eto'n grotyn deuddeg oed –
agor i'r dram
pan glywn i dincial yr harnais o bell
a'r golau copor yn nofio i'm byd
fel haul! A wedi caead,
cael teimlo'r llonyddwch yn loncan yn ôl
bob cam o'r ffordd i bwll y Parc.'

'Bachan!' ebe Rhys
(un tal, o doriad milwr,
a'r cap a guddiai'i gorun moel,
ynghyd â'r olwg dyner, ddwys,
yn gwasgu arnaf ddarlun annhebygol rabbi doeth),
'Bachan! Mi startwn inne yn y ffas –
bocso'n gyntaf i goliar teidi,
a dysgu sefyll postyn glew a phâr o goed.
A wedi 'ny, at y ffas i dorri!
Mi faswn eto yn fy lle fy hun yn ddeunaw oed,
yn tynnu torch â'r ddaear
cael gweld ai hi neu fi
a gwympai gyntaf!'

Hyn oll yng nghysgod hwyr,
y ddau wyneb yng ngolau'r tân
yn hen tu hwnt i angau,
a'r ana'l yn fyr
fel 'tai llaw grintach
yn tolio'r fegin.

Ond yn anterth yr hyder hwn
pwy goeliai
nad dau gawr oedd yma
yn barod i ailredeg gyrfa?
Yn hytrach, dwy ysglyfaeth

i Famon ac Amser,
yn ffôl o addfwyn wrth y drefn
a'u plygai fesul modfedd ddir
o dan wasgfa'r ddaear ddidrugaredd.

Gareth Alban Davies

Y DDAU

(I'm Rhieni)

Syml iawn oedd ein byd;
Gweithio a byw yn onest,
Talu'r ffordd a chofio am yr Achos
A gwneud caredigrwydd yn ôl y galw.
A'r tŷ fel pin mewn papur –
Y bwrdd wedi'i osod a'r ffwrn yn siarad swperau,
A hithau'n disgwyl . . .
Yntau, ar ôl ei ddiwrnod gwaith,
Yn troi i'r ardd am awr neu ddwy,
Yna, i Foreia erbyn saith i'r Seiat a'r Cwrdd Gweddi
A noswylio yn sŵn gweddi ac emyn
Ac olwynion gwatwarus y Gwaith . . .
Yr olwynion gwatwarus! Ni throant mwyach.
Bu dau ryfel byd a dirwasgiad.
Rhydodd y rhaffau . . .
A lle bu'r peiriannau a'r prysurdeb
Y mae cae chwarae'r genhedlaeth newydd erbyn hyn.

Rhydwen Williams

RHYDWEN

(Awst 1997)

Byrdwn y glo, daliwn i'w glywed
yn awyr ein newydd
orchwylion, sŵn pur a chaled.
Fe, yr olaf un
o byllau'r iaith, yn dal i weithio'n
fwy o'i fywyn
a'r lleill, ddegau, ar gau i gyd
o'i ddeutu, ei dduwch
yn ffas eirias o hyd:
y glo'n sibrydion brau,
yn malurio'n ffrwythlon ei ffrwst
i fin y dur yn y dyfnderau;
yr un nwyon yn cronni,
a lleisiau beiddgar yn cario'n
donnau eilwaith drwy'r hen dwneli . . .

A'r nos yn ffrwydro'n wynias
eto, a'r hwter
bob tro'n gorffwyllo: y ffas
â llais ffwrnais i'w phyrth,
ac eilwaith o'r golwg
dalia'r rhaib i fandalu'r ebyrth . . .

A deil awen y gwagenni
i dramwy, Cymraeg y dramiau
hyd y leiniau'n ddolenni;
sêl y dirwyn drwy'r iselderau
a thang yr heniaith ddu
yn eco'r tryciau'n
arllwys, yn crafu'n oerllyd
i'n goleuni digidol
o'r lofa ddidor ar agor o hyd.

Donald Evans

TRIBANNAU

Mae Pontypridd, fel gwyddys,
Mewn hengwm cul, arswydus,
Ond mae y bont sy'n croesi'r pant
Yn meddu cant echrydus.

Mae Pontypridd yn hynod,
Hi haedda sawl rhyfeddod,
Un bwa'n uno gwlad wrth wlad
O draw, fel Bwa Drindod.

Anhysbys

I BONT PONTYPRIDD

(Rhan)

Pont hynod, barod i beri – gorchest,
 Pont i gyrchu ati;
 Pont y Tŷ-pridd, clod iddi,
 Ar bynt Ewrop, top wyt ti.

Drych i fil, cynnil amcanion – a gwir
 Ragoriaeth gwaith dynion;
 Y seiri meini mwynion
 Dewch, gwelwch a chwiliwch hon.

Lewis Hopcyn

CWM RHYMNI, 1990

Mewn rhes ar ôl rhes, ddoe lle bu trai
Ar y Gymraeg, mieri a rwygai
Bob gobaith – drain y diweithdra
A dreiddiai drwy dai fel rhwd ar dw' ha';
A darn o graen yn pydru'n graith
A wyliai'n unig adfeilion heniaith.

Ond cuddiodd blodau glwyfau'r glo,
A 'mynedd natur domennydd hen eto.
Pranciau'r to iau is bedw tal,
A her derw a'u hirder yw hyder ardal;
Her ei chyll ar archollion
A wreiddia'n is gan adfer gwyrddni hon.

A her i fêr y dysgwyr a'u cryfha
Hwythau i ailafael yn iaith y lofa
Yw treigl y nodd sy'n fodd i fywhau
Yn wefr sain hon a fu ar wefus eu neiniau;
Ac fel lli a ddwg harn i gelloedd cêl
Yw eu harabedd yng nghwm y rwbel.

Cannwyll eu gwên a'n cynnull i'w Gŵyl,
A'u hegni braf a egina'n Brifwyl.
Mynnu iaith yn rawn y maen nhw
O lwm erwau – molecylau ym merw'i
Bywyn i'w throi o ddibyn ei thranc,
A'r haf ar ddyfod fel prifardd ifanc.

Emrys Roberts

31

ATGOFION Y SIRHYWI

(At Aneurin Fardd)

Mae llawer blwyddyn, annwyl frawd,
    Er pan gymerem ni
Ein hwyrol daith, ein llonydd rawd,
    Ar ymyl llonydd li
Yr hen Sirhywi. Nid oes clod
    Na bri yn eiddo hon,
Os nad i ni ryw amser fod
    A'n cysgod ar ei thon.

A! llawer hwyr y buom ni
    Yn crwydro ar ei glannau,
Pan oedd fy mysedd eiddil i
    Yn dechrau cwrdd â thannau
Y delyn awenyddol fad,
    Yn ôl dy gyfarwyddyd rhad.

Mae'r haul yn isel dan y bryn,
    Y mae y glyn yn duo,
A thybiaf fod yr afon bur
    Is awyr hwyr yn suo,
Yn suo am y dyddiau mad
    Pan nad oedd eisiau ond dy dad
A thi a minnau, 'n tri ynghyd,
    I wneud i fyny eithaf byd.

O fyd di-alar, fyd di-glwy,
Ni ddaw ei fath, Aneurin, mwy.

Islwyn

MAGDALEN

Fechgyn, peidiwch â werthin,
    Cwnnwch hi ar 'i thrâd,
Cofiwch i bwy ma hi'n perthyn,
    Sychwch y dafna gwâd.

Otw, rwy'n gwpod 'i hanes,
    Rown i'n napod 'i mam a'i thad, –
Hen gwpwl yn cretu'n gynnes
    Taw hon odd y berta'n y wlad.

Rwy'n cofio pan gethon nhw'u claddu
    Fod cwmwl ar gopa Pen-pych,
A phan o'n nhw'n cwpla canu
    Dodd 'no neb â'i lycad yn sych.

Rodd 'no shew yn wilia pryt hynny
    Taw hi o'dd achos y peth;
Ond wn i'n y byd beth i'w gretu, –
    Dodd hi ddim yn yr anglodd, ta beth.

Cariwch hi miwn i'r cysgod,
    Citshwch o dani'n dynn;
Licwn i i neb sy'n 'i napod
    'I gweld miwn shwd bicil â hyn.

Cwnnwch hi'n esmwth, fechgyn,
    Un wannedd odd hi ariôd;
Ond welas i neb er ys cetyn
    Yn llawar mwy smart ar 'i thrôd.

Rwy'n cofio'n y cyrdda canu
    (Rhyw dicyn o alto ôn i),
Rodd pawb yn wilia amdani,
    Dodd 'no neb yr un ca' â hi.

'I charu hi? wel, falla 'mod i,
    Dw' i ddim siwr 'mod i'n napod y peth;
Ond mi bicwn i sŵn 'i thrôd 'i
    Yn gynt na neb arall, ta beth!

Licech chi i mi weud yr hanes?
   Ma fa'n jobin go anodd i neud.
Ma 'ngwa'd i'n twymo fel ffwrnes
   A 'nyrne i'n cau wrth 'i weud.

Rhyw glercyn o bant dda'th hibo
   Yn goler a chyffs i gyd,
Fe'i twyllws hi dan 'i dwylo,
   Fe'i twyllws hi, dyna i gyd.

Pan welws e beth ddigwyddodd,
   Fe ddotws 'i dra'd yn y tir,
Ac fe all e ddiolch i'r nefo'dd
   Fod 'i goesa fa dicyn yn hir.

Ma'n rhaid i chi fadde, fechgyn,
   Os gwetas i air o'i le;
Ond mi setlwn i gownt y scempyn
   Mor wir â bod Duw yn y ne.

Ma rhwpath o'i le yn rh'wle –
   (Fechgyn, citshwch yn dynn) –
Efe'n gallu mynd ble myn e,
   A hithe'n 'i gwarth 'man hyn!

Beth wedse'i hen fam hi, druan?
   Wel, diolch am fedd mewn pryd;
Ond haist! ma hi'n dod iddi'i hunan,
   Nos da i chi, fechgyn, i gyd.

J. J. Williams

PORTHCAWL

I

O Flaen Garw,
o Flaen Rhondda,
o Flaen Gwynfi,
o Gilfach Goch,
ar hyd hewlydd
cul fel crefydd
dewch i ddawnsio
foch ym moch.

O ben draw
y Blaenau eithaf
y tiroedd roddwyd
i ni'n ôl,
dewch a chyfri
eich bendithion
yn gariadon
roc 'n rôl.

II

Sawl Amen, sawl Baner Goch
ganwyd yma?
Sawl *internationale* groch?
Sawl Haleliwia?
Pa sawl dwrn a pha sawl llais
gadd eu codi'n
her i Satan ac i drais
trefn y meistri?

Lle mae'r egwyddorion mawr
a'r caneuon?
Lle ma' fe Dai Francis nawr
a Paul Robeson?
Lle mae lleisiau llawn y côr
a'r areithio?

Trowch ac edrych ar y môr
gan glustfeinio . . .

y môr oer a di-Gymraeg
y môr oer a di-Gymraeg
y môr oer a di-Gymraeg;

a'r tir yn dod
yn dywod
yn ara' deg.

Emyr Lewis

BRECHDAN

(Pontypridd yn y glaw)

Trwy'r pnawniau
o niwl gwlyb,
daeth brechdan
a phaned dwym
maint fy syched.
A daeth i eistedd wrth fy ymyl,
yn got law,
hen löwr a'i fysedd tew
yn bwrw'r ford.

Trwy'r pnawniau llaith
a'r Miwni'n angof
yn y lluwchio llwyd,
daeth brechdan
ac addewid
fy ngwersi rhydd
yn llenwad yn ei chanol.

Un pnawn piwis
a'r groten tu ôl i'r til
yn frown hyd at ei gwegil,
haul y dref
ar goll am nawr
ac awr y ciniawa
yn cau amdanom,
Beca, Siwan
Glesni a fi,
wrth i niwl o law
lifo drosom,
yn deall fod yn rhaid
mynd yn ôl.

Catrin Dafydd

YM MHONTYPRIDD MAE 'NGHARIAD

Ym Mhontypridd mae 'nghariad,
Ym Mhontypridd mae 'mwriad,
Ym Mhontypridd mae'r ferch fach lân,
O na chawn hi o fla'n y ffeirad.

Mi hela heddiw unswllt,
Mi hela fory ddeuswllt,
A chyn y colla i merch ei mam,
Mi treia i am y triswllt.

Mi glywais lawer caniad,
Mi welais lawer bwriad,
Mi welais lawer benyw lân,
Ond neb mor lân â 'nghariad.

Mae 'mwthyn ger yr afon,
Mae gennyf wartheg blithion,
Mae gennyf ffarm ar lan y Taf,
O tyred ataf Gwenfron.

Anhysbys

AR BEN WAUN TREDEGAR

Ar ben Waun Tredegar mae eirin a chnau
Ar ben Waun Tredegar mae falau ym mis Mai,
Ar ben Waun Tredegar mae ffrwythau o bob rhyw,
    Ar ben Waun Tredegar mae 'nghariad i'n byw.

Fy nghariad a nodws i wylad y nos,
    Fy nghariad a wedws, do, lawer gair cro's,
Fy nghariad a nodws i edrych yn llon,
    Fy nghariad a dorrws 'y nghalon i, bron.

Traddodiadol

Mae heb ei thorri eto ond mae'n glwyfus iawn o hyd,
    Wrth feddwl am y bachgen sy 'mhell dros y byd,
Mae digon o fechgyn yn agos ac ymhell,
    Ond beth dâl am hynny, mae 'nghariad i'n well.

Chwi ferched ieuainc hawddgar na charwch ddim ond un,
    Gochelwch gael eich denu gan grechyn teg ei lun;
Mae cariad fel y moroedd yn chwyddo fyth i'r lan,
Mae'r ferch sy'n caru'n gywir yn canu clychau'r llan.

Samuel Davies (Sam y Delyn)

TRIBANNAU

Mi welais riots Merthyr
A gormes fawr y gweithwyr,
Fe laddwyd trigain yn ddi-lai
A chlwyfwyd rhai o'r milwyr.

Daeth yno Wŷr yr Hirffyn
A'r Peisiau Bach i'w canlyn,
Ond hawyr annwyl! Aethus dric
Oedd crogi Dic Penderyn.

Anhysbys

CÂN NEWYDD

Yn rhoddi hanes
Dienyddiad Richard Lewis
(Dic Penderyn)

Yr hyn a gymerodd le ar 13eg o Awst, 1831, yng Nghaerdydd, Swydd
Forgannwg, am y troseddau y cafwyd ef yn euog o'u cyflawni yn y
Cynnwrf diweddar ym Merthyr Tudful.

Holl drigolion de a dwyrain,
Gorllewn, gogledd, dewch i'r unman,
Rhyw hanes dwys yw hon i'w 'styried,
Yn awr y gwir yn glir cewch glywed.

Casglodd naw mil yn lled afrywiog,
I sefyll allan am fwy o gyflog,
Rhai heb waith a'r lleill yn cwynfan,
A'r bwyd yn ddrud a chyflog fechan. [. . .]

Hi aeth yn derfysg mawr ym Merthyr,
Gorfod gyrru ffwrdd am filwyr;
Pan ddaeth rhai fyny o Abertawe,
Fe aeth gwŷr Merthyr ffwrdd â'u harfau.

Ond fe ddaeth milwyr o Aberhonddu,
Hi aeth yn rhyfel pan ddaeth y rheini,
Ac fe laddwyd o wŷr Merthyr
Un-ar-hugain yn y frwydyr.

Yr oedd yr olwg drist yn aethlyd,
A'r llais i'w glywed yn ddychrynllyd,
Rhai yn griddfan ac yn gweiddi,
Yn eu gwaed yn methu â chodi. [. . .]

Sŵn y gwragedd trwy Ferthyr Tudful
Oedd am eu gwŷr – eu priod annwyl;
Roedd llais y gŵr yn galw yn galed,
'O fy ngwraig a'm plant amddifaid'.

41

Saethwyd benyw yno'n farw,
Yn nrws ei thŷ, O, ddyrnod chwerw,
A lladdwyd un ymysg y dynion
Wrth edrych am ei phlentyn tirion.

Gwelwyd gwraig, mae'n alar d'wedyd,
Ar y d'wrnod mawr dychrynllyd
Yn cario corff ei phlentyn hawddgar
I ffwrdd o'r frwydr! O'r fath alar!

Bu raid i'r mobs i roddi fyny,
A llawer iawn ga'dd eu carcharu;
Pan ddaeth y Sesiwn, er mawr alaeth,
Fe'u barnwyd oll yn ôl y gyfraith.

Hwy gawsant oll eu bywyd gweddus
I gyd ond un, sef Richard Lewis;
Er cymaint oedd am safio hwnnw,
Yng nghrog ar bren efe ga'dd farw. [. . .]

Un fil ar ddeg o ddynion
Oedd am ei safio o eigion eu calon;
Er cymaint geisiai pawb o'u gwirfodd,
Yn y diwedd dim ni lwyddodd.

Ca'dd bedwar dydd ar ddeg o amser,
Drwy Squire Price, yr hwn glodforer,
Ac yn y diwedd gorfu fyned
I rodio'r ffordd nad oes dychweliad . . .

Y trydydd dydd ar ddeg i'w enwi,
O fis Awst, mae'n drist mynegi,
O dan y crogbren fe ga'dd fyned,
A miloedd lawer oedd yn gweled . . .

Ei wraig ef nawr sydd yn galaru –
Ddydd a nos ym mron gwallgofi,
Wrth feddwl fod ei phriod gwiwlon
Yn fodlon marw ar y grogbren.

Arglwydd, cadw dir Brytaniaid,
A'th gyfraith bur o fewn pob enaid;
Dy ddeddfau blaner yn ein calon,
Rhag bod ein bywyd yn llaw dynion.

Richard Williams (Dic Dywyll)

PENILLION A THRIBANNAU

Fe fedyddiwyd Moc fy mrawd –
Doedd ganddo fe ond crefydd dlawd;
Fe drodd y dŵr ei liw drwy'r dydd
O'r Ynys-fach i Bontypridd.

Blewyn glas ar ddolau Rhymni
Dynnodd lawer buwch i foddi;
Merch fach lân a'm tynnodd innau
Lawer noswaith dros fy sgidiau.

Melys cân y llinos,
Melysach cân yr eos,
Ond drysu'n llwyr a wnaf pan gân
Y ferch fach lân o'r Rhicos.

O'n i'n trampan lan sha Hirwa'n,
Gwelas ddyn yn llyncu derwan,
Gwetas wrtho am bido tacu,
Fod yr afon wedi sychu.

Bwrw, bwrw, dim ond bwrw
Mae hi beunydd yng Nghwmgarw;
Rhaid cael Baptis rhonc, mi dynga,
I fyw a bod yn ddedwydd yma.

Pan fyddaf i'n priodi
Bydd Llundain yn Llanelli,
Mountain Ash yng Ngelli-ga'r
Ac Aberdâr yn 'Fenni.

Bydd Castell Newydd Emlyn
Yn ymyl Pwll y Dyffryn,
Abertawe yng Nghaerdydd
A Phontypridd yng Nghrymlyn.

Anhysbys

MOEL CADWGAN

Mynydd iach yn chwarae
   Gyda Cheiriog fu;
Cawr o dan ei glwyfau
   Yw fy mynydd i.

Llwyd a thlawd dy ddillad,
   Hen bregethwr Duw!
Carwn allu siarad
   Dy feddyliau byw.

      ★   ★   ★

Wedi colli'th dlysni,
   Derbyn, ffrind, fy nghân;
Llifa drwy'th wythienni
   Gochwaed Cymru lân.

Holaf am dy geinion;
   Prudd-der lond dy wedd:
Prudd yw dy freuddwydion
   A dy blant mewn bedd.

      ★   ★   ★

Heulwen ar dy gopa,
   Cwmwl wrth dy draed,
Masnach ddall fan yma
   Sugna i ffwrdd dy waed.

Fynydd siomedigaeth,
   Sydd â'th fron yn fedd!
Mae oes aur fy hiraeth
   Eto'n byw dy wedd.

Yn y fynwent acw
   Cwsg fy nhad a'm mam;
Ffrind! ar dywydd garw
   Cadw'r bedd rhag cam.

Cludo arogl Eden
    Wnâi dy awel gynt;
Heddiw pruddgan awen
    Hiraeth leinw'r gwynt.

Pryd paid llwch y lofa
    Ddifa'r blodyn bach?
Pryd aiff tawch y danchwa
    O'r awelon iach?

Disgwyl, disgwyl, fynydd,
    Doriad arall ddydd;
Cei mewn daear newydd
    Ddinasyddiaeth rydd.

Yno cei dy nabod
    Fel tydi dy hun;
Minnau'n dy gydnabod
    Fel fy mrawd fy hun.

Yma wedi methu
    Yn bererin blin,
Ymollyngi i gysgu,
    Minnau ar dy lin.

Ysgafn fo dy fwmian,
    Awel dyner, bur;
Tymestl olaf anian
    Ga i ddeffroi cyn hir.

Fynydd hen, hiraethus,
    Syn, a phrudd dy wedd!
Boed dy gwsg yn felys
    Wrth freuddwydio am hedd.

Ben Bowen

Y CHWYLDRO GWYRDD

Moel Cadwgan! Hen ddinosawr o fynydd
a aeth yn sownd ym mwd ein genesis
heb godi oddi ar ei liniau
ac a geidw'i gyfrinach gyntefig
mor ddistaw â chariadon y tu ôl i ddrws clo.
Dim ond i rywrai glustfeinio drwy'r oesau . . .

Dau bwll, un ar bob llaw, llifeiriol –
ofer chwilio amdanyn nhw mwy, nid oes fargod ar ôl:
y tai Fictoraidd a'r siopau gwag a'r capeli pryderus –
dannedd doe yn pydru yng ngenau'r presennol.
Ai cymdogaeth yw'r meiosis sy ar ôl?
Cofadail ar domen ein moderniaeth
i ryw arwriaeth a fu?

Bu gwŷr a gwragedd y mynydd hwn
yn berchen llygaid yn ogystal â chylla;
roedd gwlith breuddwydion yn gwlychu eu bara
a'r Gymraeg yn gwneud salmau o'u gobeithion.
Rhwygasant o'r mynydd hwn ryddid, urddas, gwiwdeb
mor benderfynol â thorri'r glo,
mor rhwydd ag agor drôr hen gist
ar waetha'r dynged mai'r mynydd oedd ben
a'r asgwrn a'r gewyn yn eiddo iddo ef . . .

O, Wyrddni diwnïad, cerdd drwy'r cwm mwyach,
bendithia'r tai a'r nythod a'r tyllau â'th ragluniaeth werdd,
amddiffyn y rhosyn a'r fioled,
ac ag adenydd aderyn arwydda dy goncwest derfynol
ar dudalen o awyr las!

Rhydwen Williams

47

WYNA, TYNEWYDD

Anghofiais am bob prancio,
am goesau cam, am fwythau bach,
a boch ar feddalwch cnu,
wrth syllu i dywyllwch llwm y sied.
Roedd min ym mrath y gwynt
o'r Garn Bica, a blas gwaed
mamog ar weflau'r mis bach.

Cefais weld ei gwaddol,
gwylio'i wisgo mewn cot estron,
a'i roi i'w rwto'i hun wrth famaeth
anfoddog. Hyn heb imi ddeall dim
ond cryndod ei gri, a'm gwddwg
innau'n dynn, er diogelwch y clos,
o flaen eu llafar anghyfarwydd.

Ac yn nieithrwch croeso'u cegin
dros swper na allwn ei stumogi,
a'r sgwrs yn tincial rhwng y llestri
mewn seiniau na fedrwn eu dal,
synhwyrais, wrth fentro fy 'nos da' dila,
fy mod innau'n amddifad
ym mlaenau fy nghwm fy hun.

Christine James

48

FFYNNON FAIR, PEN-RHYS

(Cwm Rhondda)

Mae'r cwm yn brudd a'i ffydd ar ffo,
Ond erys hen lawenydd:
Adlais addolwyr llawer bro,
'Cawson' ynfydion fedydd.'

Mae'r cwm yn ddu, nis câr y lloer,
Ond yma'n gyfrin pery
Paderau'n ddwys uwch pydredd oer,
Hud tirion uwch hwteri.

Mae'r cwm yn frwnt, nis câr y wawr,
Ond glân yw'r sisial dedwydd
Lle canai'r saint, ar lawen awr,
Emynau rhwng y manwydd.

Mae'r cwm yn galw yn salw ei sain,
Ond erys islais addfwyn
Lle dyrchid gynt folawdau cain
Yn firi gwiw i'r Forwyn.

J. Gwyn Griffiths

MOLIANT MAIR O BEN-RHYS

Mae nawnef mewn un ynys,
Mae hyn o rad ym Mhen-rhys;
Mae dynion yma dynnir,
Mair, o'th wyrth hyd môr a thir.
Yna daethost, fendithfawr,
I'r lle hwn o'r nef i'r llawr.
Dy ddelw bob dydd a welynt
Yn fyw a gad o nef gynt.

Mawr yw rhif mewn ysgrifen,
Mwy rhif dy wyrthiau, Mair wen.
Oes man, Iesu, ym unair?
Oes. Mau merch Sioasym, Mair.
Morwyn deg, ym marn digawdd,
Merch Anna wen, Mair, eich nawdd!

Gwedy i 'r byd fynd gyda'r bâl,
Golli nef gwall un afal,
Duw iawnDad, nid âi undyn
I nef neb Dduw'n fab i ddyn.
Duw fe ddoeth, a du fu'i ddwyn,
I'th fru, Fair, wrthfawr forwyn.
Meithrin, wen, mae i'th ran nawnef,
Â'ch bronnau wnaech Brenin Nef.
Mawr, wenFair, yw'ch morwynfaich
A'ch Mab Rhad ywch ym mhob braich.
Yr oedd sôn er Adda a Seth
O ran Israel a Nasreth
Y genid mab o gnawd mwyn
Ywch, wen Fair, a chwi'n forwyn.
Mam Iesu a mam oesoedd,
Marïa'n wir morwyn oedd.

Llawer dyn lle'r wyd unair
O farw âi'n fyw 'n dy fron, Fair.
Fe ddaw atoch yn llawen
Y marw a'i wisg ywch, Mair wen.

Ni ddaw mud i'th weddi, Mair,
Na ddywaid cyn pen ddeuair.
O daw llef y dall ufydd,
E wŷl y dall olau dydd.
O daw angall a'i dynged,
E ddaw gras iddo o'i gred.
O daw byddar at arall,
Fe glyw llef o glwyf y llall.
Fai glaf ar faglau ofwy,
O gôr Mair ni ddygir mwy.
Eich delw i iacháu dolur;
Chwi a iachewch wayw a chur.

   Mawr yw 'maich, Mair, am iechyd, –
Mwy no baich mwya 'n y byd.
Dyn a ddaliwyd dan ddolur
Fu'n dwyn poen wyf yn dân pur.
Mawr yw 'mhoen, Mair, i'm hynys,
Mawr bawn rydd, Mair o Ben-rhys.
Y bardd iach, obrudd iechyd,
A gano i Fair, gwyn ei fyd.
Ni wŷr un er ei rinwedd
Ar ba awr yr â i'r bedd.

   Af â cherdd i ofwy'ch urddas
A chwyr ywch lle archa' ras.
Mair, i'th ras, mwy wyrth yrhawg,
Mi a erchais un marchawg.
Oes hir a gras, Syr Gei'r wart,
Iesu rhoed i Syr Edwart.

                    Lewys Morgannwg

51

AWDL I FAIR O BEN-RHYS

(Detholiad)

Mair berllan bêr, Mair loyw leufer,
Mair wybr a sêr, mor bur yw sôn;
Mair yw'n seren a'n hofferen,
Mair yw'n peren, imp irion.

Mair yw'n golwg ym mron gelyn,
Mair yw'n telyn a'm rhentolion;
Morwyn dirion ym marn derwyn
Ac annherwyn rhag annhirion. [. . .]

Mair, enaid corff morynion,
Diddrwg yng ngolwg angylion;
Mair sy'n arwain, Mair fy wen wyry fain,
Yn y dwyrain yn dirion.

Gwilym Tew

Y FFYNHONNAU

(Detholiad)

Cyflwynedig
I blant Ysgol Gymraeg yr Ynys-wen, Cwm Rhondda
I gofio am dri o'u dewrion
John Robert Williams – Glöwr a Bardd
Robert Griffiths – Bugail a Phregethwr
James Kitchener Davies – Athro, Gwleidydd, Llenor

Gwrandewch.
Mae gorfoledd dyfroedd yn fy nghlustiau heno.
Yr Ynys-wen, Ynysfeio, yr Ynys-hir.
Yr holl ffordd i Eglwysilan.
A'r ffynnon wylaidd ar Ben-rhys,
Mor hardd â gem ar ddwyfron,
Yn dal i foli Mair.
Mae'r Ffynhonnau'n fyw.

    Gŵr dierth?
    Ie.

Eisteddai ar sedd wrth odre Moel Cadwgan.
Cap. Ffon. Sigarét.
Rhyw led-gofio'i wyneb. Hynny oedd ar ôl ohono.
    Lleteca? Ma' nhw wedi tynnu'r hen le i lawr.
    Roedd e'n fardd.
    A'r coliar gore o'r Bwllfa i'r Maerdy.
    Crefftwr englyn.
    A mishtar arnyn-nhw i gyd ar hedin galed.
Mandrelu a barddoni. Sialcio'i gynghanedd ar dalcen y glo.
Ef oedd llenor olaf y mynydd hwn.

Ymlaen. Dod at gapel gweinigar. Holi.
    Dim ond menywod sy ar ôl. Fel dyrnaid y Trydydd Dydd.
Agor y drws. Mynd i mewn. Sefyll. Syllu.
    Dyma gofeb yr hen weinidog.
    'Proffwyd, bugail, a chyfaill i bawb'.
    Ma' rhai ar ôl sy'n 'i gofio.
    Bu yma am oes.
Mae bedd Rhobet Griffith ar fryn uchel yn Nhreorci –
Fel pe bai'n ofni gollwng ei afael ar Foreia.

Ymlaen. Gelliwastad a Thyntyla. Llwynypia a Threalaw.
A'r Brithweunydd. (Bu beirdd o Gymry yma.)
Oes 'na fardd yn Aeron heno?
            Bu farw'n ifanc.
            Dros Gymru, medd rhai.
            Gwallt du, llygaid mawr, a gwên.
            Trin gardd fel trin geiriau.
Cenedlaetholwr, ond – bonheddwr i'r bôn!
            Dramodydd, bardd, Calfin a phechadur bodlon.
            Llais piwr ar gyfer corn-siarad.
            Bocs-sebon a phulpud hefyd.
            Trowser-rib a phib-glai.
            Theomemphus a pheint o gwrw.
Pan roddwyd hwn i orwedd ym mhridd Cwm Rhondda un prynhawn,
Cafodd y Llethr-ddu haen gyfoethocach na'r glo. [. . .]

★   ★   ★

Gwrandewch.
Fedrwch-chi weld yn awr gyda mi –
                        yma, yn nydd y wiwer goch,
A'r glomen-wyllt a'r ffesant a'r petris prydferth,
Y ffynhonnau ffraeth yn gymorth hawdd eu cael
I'r werin ddiwyd, pan nad oedd ond y dŵr a phridd y ddaear
I leddfu'r newyn yn eu llygaid mwyn?
Fedrwch-chi weld yn y goleuni gwledig,
Ŵr mor ara-deg â'i anifail,
Yn treulio oes rhwng dau gae,
A'i feddwl mor gul â'i gloddiau,
A'i Gymraeg fel ffynnon ar ei wefus wâr?
Fedrwch-chi glywed yn y tawelwch tlws,
Sêr mor hyglyw â'r adar,
A'r dwylo a fu'n tywys yr aradr
Yn tiwnio telyn fel Orffews gynt yn ffynnon o gân?
Roedd diniweidrwydd mor gyffredin â gwlith
Ar y mynyddoedd hyn y pryd hwnnw,
A daioni'r galon yng nghlydwch y gegin gymysgryw –
Ieir, cathod, cŵn a'r defaid busneslyd –
Mor gynnes ag wy newydd mewn nyth. [. . .]

★   ★   ★

Gwrandewch.

Fedrwch-chi weld yn awr y fforestydd yn yfflon a'r coed bonheddig
    fel cyrff,
A'r gwiwerod ar goll ar y mynydd amddifad,
A'r golomen wedi drysu yn y nen,
A'r adar i gyd yn chwilio'n wallgo' am eu nythod?

Fedrwch-chi glywed yr hwteri'n hawlio'r awyr –
Awyr a grynai unwaith â chân eos a llinos a llwyd?
A'r wagenni a'r cyrt a'r peiriannau a'r stêm a'r twrw
Yn cablu'r tawelwch a fu'n wyrdd a diwnïad ddoe?

Fedrwch-chi weld y ddaear yn dangos ei doluriau i'r haul,
A'r afon yn marw ar ei gwely a'r brithyll ar wyneb y lli?
A'r gŵr a diwniai'r delyn ystalwm ar aelwyd lawen,
Yntau'n gorfod disgyn fel Orffews i'r dyfnder du?

★   ★   ★

Fedrwch-chi weld yn awr lle y bu'r pwll a'r lamprwm a'r seidin,
A'r gweddïau a'r emynau a'r cableddau a'r rhegfeydd yn y ffas,
A'r Hippodrome a'r Gaiety a'r Empire a'r Tivoli,
A'r dyn-cry' o Gwm Nedd yn codi-pwysa' am bunt?

Fedrwch-chi weld lle y bu'r negro o Ferthyr yn llyncu tân a chyllyll,
A gobeithlu Nasareth yn dynwared môr-ladron Penzance,
A'r Ferch o'r Dwyrain yn cael ei llifio yn ei hanner,
A chôr Pendyrus yn dysgu'r anthem fawr?

Fedrwch-chi weld yn awr y ffynnon sasparila ar gownter Giovanni,
A'r Das Kapital yn destun awr-ginio a'r Cwrdd Gweddi am saith;
A'r gyngerdd fawreddog a'r ffair sborion a'r seans,
A'r oedfa fore-Sul a'r ysgol-nos?

Yma, mae'r glomen-wyllt a'r ffesant yn gwneud eu nythod unwaith eto,
A'r brithyll atgyfodedig yn dotio ar y dŵr;
A chariadon newydd yn y grug ar Gadwgan,
A'r afalau'n aeddfed ym mherllan Pen-twyn.

Gwrandewch.
Mae gorfoledd dyfroedd yn fy nghlustiau heno.
Yr Ynys-wen, Ynysfeio, yr Ynys-hir.
Yr holl ffordd i Eglwysilan.
A'r ffynnon wylaidd ar Ben-rhys,
Mor hardd â gem ar ddwyfron,
Yn dal i foli Mair.
Mae'r ffynhonnau'n fyw!

     Gŵr dierth?
     Ie.

Eisteddai ar sedd wrth odre Moel Cadwgan.
Cap. Ffon. Sigarét.
Rhyw led-gofio'i wyneb. Hynny oedd ar ôl ohono.
     Ma' plant y ferch 'cw yn mynd i'r Ysgol Gymraeg.
     Ma' 'na fachan ifanc o'r coleg yn dod i Nebo.
Trodd dros y trum – yn her i bryder bro.
A'i ffon mor gadarn â'i ffydd.

Rhydwen Williams

RHYDWEN

Hwn a aned i edwi – oherwydd
    Yng nghur a chaledi
   Morgannwg marw yw geni;
   Ganed hwn i'w hannwn hi.

Dynion wrth rodio'n rhydu – yn ei glaw,
    A'i glowyr yn chwydu
   Fflem eu haint i'w phalmentu
   Yn ffrwd o waed a phoer du.

Dynion yn cydrodianna – yng nghaeaf
    Angheuol Y Rhondda,
   A chlefyd llwch y lofa
   Yn drwm ar glaerwynder iâ.

Dynion yn sgrap a chnapiau – a dynion
    Yn danwydd ffwrneisiau;
   Hwynt-hwy yn rhwd dan yr iau,
   A dynion yn bistonau.

A gwŷr yn eu seguryd – yn dyheu
    Am y dydd oedd ddiwyd,
   A'u hanadlu mor rhydlyd
   Â rheiliau'r Gweithiau i gyd.

Y tremio cramennog, crych; – y rhythu
    Creithiog â'r wedd edlych:
   Pob wyneb lledr yn edrych
   Yn wag o ddyfnder ei nych.

Hwn a aned yn henwr; – hen ydoedd
    Yn y cnawd diswcwr;
   Yn y gofl un ei gyflwr
   Â'r gwŷr crin o'i eni'n ŵr.

Yr oedd y llwch yn treiddio – i'w wythi'n
    Y groth, gan wenwyno
   Ei esgyrn, a'i amwisgo:
   Amwisg o lwch o'r maes glo.

Gronynnau i'w esgyrn unoed – a dreiddiodd
　　Cyn diwreiddio'i faboed,
　　Ac yntau'n hŷn na'i un oed,
　　Yr un yn hŷn na'r henoed.

Bwriwyd ar hwn o'r bru dranc – yr henwyr,
　　A'i grino yn laslanc,
　　Yn gleiriach llegach yn llanc,
　　Yn hynafol yn ifanc.

Ei fyd yn un gofadail, – a dôi'r haf
　　I hydrefu'r gwiail
　　Yn greulon: dynion fel dail,
　　A'r Rhondda'n llawn o grinddail.

Yn ei artaith yn gwrtais – yn ei loes
　　Maleisus heb falais,
　　Yn gyfan trwy'r anfantais,
　　A'i glwyf heb orchfygu'r lais.

Nerth oedd pob anrhaith iddo, – a'r garreg
　　Erwin yn ei ffurfio;
　　Er ei glwyf mae carreg lo
　　Y Rhondda'n gryfder ynddo.

Yn ei wyrni'n gadarnach – nag eraill
　　Sydd heb gur yn wannach;
　　Yn ei archoll yn holliach:
　　Clafychu a nychu'n iach.

Alan Llwyd

GORYMDAITH

(wrth gofio Rod Barrar)

Oedd fyrbwyll ei ganhwyllau; – roedd y ddwy
   mor dduon â'r pyllau'n
eu galar, eto'n llawn golau – a sbort,
   llawn sbarcs y mandrelau;
llawn Aber-fan, llawn berfâu o esgyrn,
   llawn cysgod y croesau;
llawn o'r iaith, llawn areithiau – a chariad
   a chwerwedd y streiciau;
llawn o haint a llawenhau y colier;
   llawn calon o ddagrau;
llawn o weld y cam a chymryd camau;
llawn o ddweud ac o wneud, llawn syniadau;
llawn hewl agored i'w gymunedau
ei cheisio: llawn dringo o dir yr angau;
llawn cerddediad i'w fwriadau; – llawn brys;
llawn cwm hiraethus, llawn Cymru hithau;
llawn dechrau cynnau ac o roi cynnig;
llawn o dderbyn her y llethrau peryg;
llawn o ffrwcsan lan y tyle unig
rhwng cwm a chwm, a gweld ei ddychymyg;
llawn hast, llawn mystyn lastig eiliadau;
llawn ebychiadau: llawn byw ychydig.

Myrddin ap Dafydd

Y GERDD A GOLLWYD

(Er Cof am Ben Bowen)

Fyrred oedd dy fore di,
Gyhyd ydoedd gwae d'edwi!

O'i bodd rhoddwyd calon bur,
Lân iti, o law Natur;
O oleuni gloew Anian
Y daeth it' lygaid a'i thân
Teg ynddynt; rhoed it' ganddi
Gael dwy ran o'i glewder hi.
Trwy boen, fe genaist i'r byd
Ei chyfrinach, ferr ennyd,
Mal, o wisgo Mai lasgoed,
Y cân aderyn y coed,
Ber wawd y bore ydoedd;
Addaw'r haf a ddeuai'r oedd,
Ond yn ieuenctid y dydd
Difwynwyd haf awenydd;
Ennyd hir bu'r enaid tau
Yn ing cysgodion angau,
Ac er drwy boen grwydro byd
Heb blygu dim o'i blegyd,
Fal eryr na fo'i lorio
Er y ddart a'i briwiodd o, –
Ni pheidiai gwelw anelwig
Dynged oer, dy angau dig
A'th ddilyn oni'th ddaliodd,
A'th fynd mewn diobaith fodd,
I'r lle bu oriau llawen
Euraid y bardd ar dy ben:
Y lle bu lliwiau bywyd
Loewaf a gwychaf i gyd;
Lle cafwyd, lle collwyd cu
Obaith, bu raid wynebu
Chwerw engur dawch yr angau
Ban ydoedd wybr byw'n dyddhau!

Rhoed Natur ar daen eto
Ei gwrid dros dy wely gro –
Lliw rhos dros y bedd lle'r wyd,
Gwerdd gell y gerdd a gollwyd!

T. Gwynn Jones

SŴN Y GWYNT SY'N CHWYTHU

(Rhan)

Mi est ti lawr i Donypandy i'r Streic a'r Streic Fawr,
i'r carnifal *jazz*, a *football* y streicwyr a'r plismyn,
at y ceginau cawl a'r coblera,
y ffeiriau sborion i Lazarus gornwydlyd,
gan helpu i ysgubo'r briwsion sbâr o'r bordydd i'r cŵn tan y byrddau
gan arllwys cardodau fel rwbel ar y tipiau
neu hau *basic-slag* ar erddi *allotment* o ludw
i dwyllo'r pridd hesb i ffrwythlonder synthetig.
    Yno roedd y perthi wedi syrthio a'r bylchau yn gegrwth
a'r strydoedd culion fel twndis i arllwys
y corwynt, yn chwythwm ar chwythwm,
i chwipio'r corneli a chodi pennau'r tai
a chwyrlïo dynionach fel bagiau-*chips* gweigion
o bared i bost, o gwter i gwter;
y glaw-tyrfau a'r cenllysg yn tagu pob gratin
gan rwygo'r palmentydd a llifo drwy'r tai,
a lloncian fel rhoch angau'n y seleri diffenest;
a newyn fel brws-câns yn ysgubo trwy'r aelwydydd
o'r ffrynt i'r bac a thros risiau'r ardd serth,
i lawr i'r lôn-gefn at lifogydd yr afon,
y broc ar y dŵr du sy'n arllwys o'r cwm,
i'w gleisio a'i chwydu ar geulannau'r gwastadedd
yn sbwriel ar ddifancoll i bydru.
    A dyna lle'r oeddit ti fel Caniwt ar y traeth,
neu fel Atlas mewn pwll glo
â'th ysgwydd tan y creigiau'n gwrthsefyll cwymp,
neu â'th freichiau ar led rhwng y dibyn a'r môr
yn gweiddi 'Hai! Hai!'
ar lwybr moch lloerig Gadara.
    O do, fe heriaist ti ddannedd y corwynt
a dringo i flaen y pren a blygai i'w hanner
gan ysgytiadau'r tymhestloedd oni bu raid iti
suddo d'ewinedd i'r rhisgl a chau dy lygaid
rhag meddwi dan ymchwydd dy hwylbren.
    Cofia di,
doedd dim rhaid iti, mwy na'r rhelyw o'th gymheiriaid,
ysgrechian dy berfedd i maes ar focs sebon

ar gorneli'r strydoedd a sgwarau'r dre:
peth i'w ddisgwyl mewn mwffler-a-chap oedd peth felly,
nid peth neis mewn coler-a-thei.
Doedd dim taro arnat ti orymdeithio yn rhengoedd y di-waith,
dy ddraig-rampant yn hobnobio â'r morthwyl a'r cryman,
i fyny i Sgwâr y Petrys, i lawr Ynyscynon a thros y Brithweunydd,
heibio i'r Llethr-ddu at y Porth a'r Dinas
ac yn ôl tros Dylacelyn a thrwy Goed y Meibion
i gae'r Sgwâr, a'r gwagenni, a'r cyrn-siarad, a'r miloedd ceg-agored.

★   ★   ★

Na!
doedd dim raid iti
fentro'r *Empire* a'r *Hippodrome* tan eu sang ar nos Sul,
– di geiliog bach dandi ar domen ceiliogod ysbardunog
y Ffederasiwn a'r *Exchange* –
ond mi fentraist,
a mentro ar lecsiynau i'r Cyngor tref a'r Sir
a'r Senedd maes o law
yn erbyn Goliath ar ddydd na ŵyr wyrth,
y cawr sydd â phigion y swyddi yn enllyn ar dy fara
ond iti estyn dy dafell a begian yn daeog ddeheuig.
Wel na, a does arna i ddim cywilydd cael arddel
bod yr ardd wrth y tŷ wedi'i phalu drwy'r blynyddoedd
a'i chwynnu yn ddygn nes bod y cefn ar gracio;
ond y pridd sydd yn drech na mi, a'r confolfiwlws
fel y cancr yn ymgordeddu trwy'r ymysgaroedd
gan wasgu'r hoedl i'r gweryd, ewinfedd wrth ewinfedd ddiymod.
Po ddyfnaf y ceibiwn, cyflymaf y dirwynai'r
confolfiwlws nadreddog drwy'r chwâl,
gan ddringo pob postyn a llwyn tan fy nwylo
a thagu'r rhosynnau a'r ffa yn eu blodau
a dyrchafu eu clychau gwyn glân fel llumanau,
neu fel merched y gwefusau petalog
sy'n dinoethi eu dannedd i wenu'n wyn
heb fod chwerthin yn agos i'w llygaid, ond bustl yn y pyllau.
    Fe fynnwn i gadw Cwm Rhondda i'r genedl
a'r genedl hithau yn ardd gan ffrwythlondeb.
'Pa sawl gwaith y mynaswn i gasglu dy gywion ond nis mynnit.'

Ond roedd hi'n arial i'r galon gael clywed fforddolion tros glawdd
yr ardd

yn fy nghyfarch – 'Paid â'th ladd dy hunan, y gwirion:
rwyt ti'n gweithio'n rhy galed o fore hyd hwyr,
o wanwyn i hydre, a thâl pridd dy ardd iti ddim.'
Yna wrth droi i'w rhodianna fe'u clywn:
'Mae ef fan yna'n ei ddau-ddwbwl, mor ffôl, mor ffôl.'
A'r chwyn lladradaidd yn dwyn gwely ar ôl gwely
fel nad oedd dim ond un gwely glân heb ei ddifa,
fy aelwyd, fy mhriod a'r tair croten fach –
yn Gymry Cymraeg ac yn falch fel tywysogesi.
     Do, rwy'n adde imi dreio fy mwrw fy hun
i ddannedd y corwynt i'm codi ar ei adenydd
a'm chwythu gyda'i hergwd lle mynnai
yn arwr i achub fy ngwlad.
Cans nid chwythu lle y mynno yn unig y mae'r dymestl,
ond chwythu a fynno o'i blaen lle y mynno;
'Pwy ar ei thymp ŵyr ei thw,' meddwn innau.

James Kitchener Davies

CROESO I GWM RHYMNI

A gwrid haearn Twyncarno
Yn wyneb tawdd ar bob to,
Gwaedlif ffwrneisi fin nos
Yn orennu dechreunos,
Galwai her y ffaglau hyn
O gwm mor gryg ei emyn;
Arweiniwyd pererinion
I fyw ar wres y fro hon.

Y cwm hir a'u cymerai
Heb omedd buchedd na bai;
Rhwydo mil yn hil a wnaeth,
Rhywdo hil yn frawdoliaeth.
Gwŷr y bâl yn agor byd
O hualau y bawlyd,
Agor haenau gwarineb
Yn ael oer y ddaear wleb.

Y nos a lyncodd eisoes
Rygnu hir wagenni oes;
Enllib y gwynt lle bu gwaith,
Danadl lle rhofiwyd unwaith.
Ond er cysgod, er tlodi,
Y mae nawdd yn ein cwm ni;
Ein Gŵyl ddi-drig a'i hawliodd,
I'w swcro mae eto'r modd!

Ym Mro Elyrch, mae'r alwad,
Haf i'n hiaith, a'i chyfiawnhad.
Fe geir o hyd dwf i'w gro
O egin y Cymreigio.
O Dir-ffil i Gaerffili
Mae'r lleiniau i'w hadau hi;
Daw eu twf o'r malltod du,
A daw hwn i'ch syfrdanu!

O'r newydd dewch, dewch lle daeth
Y teidiau i greu treftadaeth.
Eu tramwy hwy yw'ch heol,
Eu byd o hyd yw eich dôl.
Dewch i groeso diwrnodau
O godi nerth a gwydnhau,
Diwrnodau i'r hen hyder
Eto ymhidlo i'ch mêr . . .

Cyrchu'n cwm a derbyn ced
Gwerin y drws agored,
Dod i ferw difyrrach,
Bwrw'n baich ym Mharc Bryn Bach!
Angor hil yw'r fangre hon,
Ac i oed â chysgodion
Ein doe a'n nerth y down ni
Ar amnaid Afon Rhymni.

O'r newydd dewch, dewch lle daeth
Y teidiau – cewch dreftadaeth!

Robat Powell

ARDAL MERTHYR

Mi welas bilipala
A chortyn wrth 'i goesa
Yn tynnu pedar dram ar ddeg
I lan i dip Cyfarthfa.

Mi welais bilipala
Yn llyncu Castell Crawshay;
A dau gi bach gan Bili George
Yn gweithio yn *forge* Cyfarthfa.

Mae gen i Stad ym Merthyr Tudful,
Cefan Glas a Bryn y Gwyddyl,
A Bla'n Bargo'd medd y dynion,
Pant-y-waun a'r Twyni Gwynion.

Mae'i llygaid fel dwy seran
'Run lliw â glas yr wybran;
Ond oerach ydyw calon Gwen
Na chlycha rhew Pen Darran.

Anhysbys

Ma bwyall Wil y Coedwr
O Gefn Coed Cymer gynt
Yn enwog ac yn finiog,
Hi dynn y gwâd o'r gwynt.

William Thomas (Morfab)

COED GLYN CYNON

Aberdâr, Llanwynno i gyd,
    Plwy' Merthyr hyd Lanfabon,
Mwya' adfyd a fu erioed
    Pan dorred Coed Glyn Cynon.

Torri llawer parlwr pur,
    Lle cyrchfa gwŷr a meibion;
Yn oes dyddiau seren syw,
    Mor araul yw Glyn Cynon!

O bai gŵr ar drafael dro,
    Ac arno ffo rhag estron,
Fo gâi gan eos lety erioed
    Yn fforest Coed Glyn Cynon.

Llawer bedwen las ei chlog
    (Ynghrog y byddo'r Saeson!)
Sydd yn danllwyth mawr o dân
    Gan wŷr yr haearn duon.

Os am dorri a dwyn y bar,
    Llety yr adar gwylltion,
Boed yr anras yn eu plith,
    Holl blant Alys ffeilsion!

Gwell y dylasai y Saeson fod
    Ynghrog yng ngwaelod eigion
Uffern boen, yn cadw eu plas,
    Na thorri glas Glyn Cynon.

Clywais ddwedyd, ar fy llw,
    Fod haid o'r ceirw cochion,
Yn oer eu lle, yn ymado â'u plwy';
    I Ddugoed Mawddwy yr aethon'.

Yn iach ymlid daear dwrch,
    Na chodi iwrch o goedfron!
Watsio ewig, hi aeth yn foed
    Pan dorred Coed Glyn Cynon.

O châi carw led ei droed
   Erioed o flaen cynyddion,
Byth ni welid o yn rhoi tro
   Pan ddelai fo i Lyn Cynon.

Ac o delai deuliw'r can
   I rodio glan yr afon,
Teg oedd y lle i wneuthur oed
   Yn fforest Coed Glyn Cynon.

O daw'r arfer fel y bu gynt
   O godi pynt ar afon,
Coed eglwysi a gwŷdd tai,
   Fo'u ceir nhw yn llai yng Nglyn Cynon.

Mynna' i wneuthur arnynt gwest
   O adar onest ddigon,
A'r dylluan dan ei nod
   A fynna' i fod yn hangmon.

Ac o daw gofyn pwy a wnaeth
   Hyn o araith greulon:
Dyn a fu gynt yn cadw oed
   Dan fforest Coed Glyn Cynon.

Anhysbys

YR EFRYDD O LYN CYNON

(Detholiad)

I

[. . .] Felly canodd glaslanc gynt
Wrth regi'r Bunt a Mamon,
Llanc a garai'i fro a'i Dduw
A byw rhwng coed Glyn Cynon.

Trist wyf innau am a fu
I'r coed oddeutu'r afon,
Ac nid i'r coed yn unig 'chwaith:
Fe faeddwyd iaith Glyn Cynon —

Iaith a gwerin erbyn hyn:
Daeth chwyn diwylliant estron,
Castiau gwasaidd, moesau crach
A sothach yn yr afon.

Och o'i fod! Can's dyma bla
O bethau gwaetha'r Saeson.
Collwyd ceinder bywyd bro
A chofio hen arferion.

Darfu'r wiwer goch a'r bardd
A bywyd hardd Glyn Cynon
A'r hiraeth am gymdeithas bur:
Fe lygrwyd gwŷr a meibion.

Maddeuer im fy nicter am
Y cam a wnaed â'm calon.
Un ydwyf i o'r un hen fro
Â'r Glaslanc o Lyn Cynon.

Canai i'r fro fel noddfa dlos
I ddyn ac eos friwfron,
Iwrch a charw rhwng y coed
Yn gwylio oed cariadon: [. . .]

70

Pwy a ganodd yr hen gerdd
    Mor llawn o angerdd digllon?
Beth oedd enw'r crwt a droes
    Yn gampwaith loes ei galon? [. . .]

Maddau im os canaf gân
    I gyfaill glân a ffyddlon
A dychmygu hynt ddi-dranc
    Y Glaslanc o Lyn Cynon.

Gwelaf di'n galaru, 'mrawd,
    Am anffawd hen gyfeillion,
Y coed a'r creaduriaid heirdd,
    Holl ffrindiau beirdd Glyn Cynon;

Chwerw oedd gweled temlau glân
    Byd anian yn adfeilion,
Gweld dinistrydd yn eu plith
    A'i felltith ar y dynion.

Trist yr aethost draw ymhell
    I geisio gwell orwelion
Ac anghofio dy hen fro,
    Anghofio pob gofalon.

Aethost ymaith dros y lli,
    Tydi heb dy gymdeithion,
Draw ymhell o dŷ dy dad,
    Ymhell o frad Glyn Cynon.

Rhag caethiwed, hawdd i lanc
    Oedd dianc dros y wendon;
Anodd oedd anghofio'r oed
    Dan fforest Coed Glyn Cynon.

II

'Yn iach, yn iach, yr annwyl bau!'
    Fe ledwyd hwyliau hyfryd.
Gadawyd Cymru fach ar ôl
    Wrth fynd i gôl y machlud. [. . .]

Cartref oedd y llong fach wen
	Rhwng nen a heli asur.
Odiaeth oedd y nawnddydd llon
	A'r dynion megis brodyr. [. . .]

Felly'n gu o ddydd i ddydd
	Ar draws Iwerydd anferth,
Hwyliai'r morwyr mewn mwynhad,
	Yn undod cariad prydferth.

Cawsant nefoedd ar y bwrdd
	A thŷ cwrdd ar yr eigion
Ac, fel saint mewn breuddwyd dwys,
	Baradwys uwch y gwymon.
Yn eu plith, ymhell o'i fro,
	Roedd glaslanc o Lyn Cynon. [. . .]

Chwiliai rhwyrai'r môr yn hir
	Am dir i fwrw angor.
Nid oedd yno'n ddi-ben-draw,
	Ddim byd heblaw Tawelfor.

Teimlai'r morwyr fod rhyw ddrwg
	Yn dod â gwg i'r gorwel;
Teimlai'r glaslanc fod y môr
	Dan felltith Iôr yn dawel. [. . .]

Trannoeth, heb na dŵr na bwyd,
	Gollyngwyd wrtho'i hunan
Ar y cefnfor mawr mewn bad
	Er taered nâd a sgrechian.

Ciliai'r llong a'i adael ef
	O dan y nef ddigyngor,
Wele'r llanc, a'r haul yn boeth,
	Yn hanner noeth ar gefnfor.

Chlywodd neb dan haul ei lef,
	Gadawyd ef i drengi,
Ofer oedd ei ig a'i floedd
	Ac ofer oedd ei weddi. [. . .]

Dyma gwpla stori'r llanc
  Yng nghrafanc reibus eigion?
Dyma olchi'r lliw o'i wedd
  Yn niwedd ei dreialon?
Nid dyma'i hoe, nid dyma'i dranc,
  Y Glaslanc o Lyn Cynon.

III

Do, dychwelodd ef ryw ddydd
  Yn efrydd bloesg a gwargrwm.
Daeth i Gymru'n henwr ffôl
  Ac arno ôl y codwm. [. . .]

Felly daeth yn ôl yn llesg
  At gyrs a hesg Glyn Cynon.
Meddai, 'Gweld fy Nghynon wnaf
  Yn llifo i Daf yn rhadlon!'
Ond nid oedd y cof ond rhith;
  Roedd melltith ar yr afon.

Gwelodd ddyn wrth droed Cefn Glas,
  Rhyw gorrach cas, drwgdybus;
Diflas ydoedd gweld ei ail
  Dan Graig-yr-Efail wgus.

Hir lygadai Gefn-y-Fan
  A Thwyn-Bryn-Bychan boliog.
Roedd pob gwelltyn o dan bla
  A'r chwa mor flin anwydog.

Gwelodd deios brwnt aflêr
  Ger Penrhiw-ceiber unig;
Nid oedd ynddynt unrhyw sŵn
  Ond cyfarth cŵn mileinig.

Canfu'n drist ger Nant-y-Ffrwd
  Ysgerbwd, a mynd heibio;
A cher Aber Pennar hen
  Gerddinen wedi crino.

Cofiai glywed Tylwyth Teg
    Y Garreg Siglo'n canu;
Wedi dringo gwelai fod
    Gwiberod yno'n llechu.

Troes i droedio tir Cwm Boi
    Nes troi wrth weled celain,
Chwiliodd lwybrau'r hen Gwm Bach
    A chlywodd wrach yn llefain.

Syllodd, craffodd arni'n wag
    A throi ei ben rhag canfod
Mai'r hen wreigan oedd y ferch
    A gawsai'i serch a'i faldod.

'Dwed, hen wraig, beth sydd yn bod?
    Ga'i wybod gennyt, wreigan?
Oes 'na bobol yng Nghwm Dâr
    Neu Bentre Mwyar weithian?'

'Sgydwodd hi ei phen yn fud,
    Am alltud roedd ei galar.
Dringodd ef nes ymlesgáu
    Ar lethrau Cefen Pennar.

Cysgodd dan gymylau llwyd
    A chafodd freuddwyd calon:
Gweld y dyffryn hardda 'rioed
    A'r coed oddeutu'r afon —
Yn eu mysg y pren di-ail
    Ei ddail a'i wraidd a'i aeron.

Druan â'r hen efrydd caeth
    A'i hiraeth megis twymyn,
Herciodd yn ei freuddwyd poeth
    Yn hanner noeth i'r dyffryn.

Herciodd ef mewn brys a chwys,
    A'i flys yn plagio'r truan,
Dros lethr a dôl nes clywed clêr
    Uwch dyfnder têr yn mwmian.

Safodd ef yng ngwres ei gwsg,
     Ymysg y mwsg a'r meillion,
Ceisiodd gasglu'r ceinder cu
     A'i gelu yn ei galon.
Neidiodd oddi ar y lan
     A suddo dan yr afon.

Mwy ei flys na blys y sant
     Am foliant yr angylion,
Mwy na hiraeth marchog blin
     Am brofi rhin Afallon,
Mwy na syched llosg yr hydd,
     Y nawnddydd, am yr afon. [. . .]

                    IV

Troes yr efrydd a deffrôdd,
     Diflannodd y gosgorddlu,
Drosto gwelodd ef y wrach
     O'r hen Gwm Bach yn plygu.

'Tyner wyt ti, addfwyn, bur,
     I'th facwy sur, afradlon,
Creulon oedd dy adael gynt
     A chymryd hynt dros eigion.
Ynof hefyd roedd y brad
     I'm gwlad ac i Lyn Cynon.

Rhaid oedd, wedi'r crwydro ffôl,
     Ddod 'n ôl i'm mun oleulon.
Rhaid oedd, wedi teithio'r byd,
     Ddychwelyd i'r hen afon.
Rhaid oedd, wedi dringo'r nef,
     Gael cartref yng Nglyn Cynon.'

                              Pennar Davies

HEN DRIBANNAU

Fi wela Ynys Cynon,
Fi wela lan yr afon,
Fi wela bentra Aberdâr,
Lle gora gâr fy nghalon.

Beth wnei di ag Ynys Cynon,
Beth wnei di â glan yr afon,
Beth wnei di â phentra Aberdâr,
Lle gora gâr dy galon?

Caf laeth ar Ynys Cynon,
Caf ddŵr ar lan yr afon,
Caf gariad gwych yn Aberdâr
Y gora gâr fy nghalon.

[?] Alun Lewis

CWM RHYMNI

Ar lannau Afon Rhymni
    Mi grwydrais lawer tro
Pan nad oedd hwyl i ganu
    Ym mwg y pyllau glo.

Ar lethrau llwyd Cwm Rhymni,
    Yn oriau'r gwynt a'r glaw,
Trist oeddwn yn breuddwydio
    Am ryw binaclau draw.

Pinaclau'r oesoedd euraidd
    Tu hwnt i'r dydd a'r nos,
Breuddwydion ffôl y galon
    A'u gwreiddiau yn y rhos.

Ond nawr, ple bynnag crwydraf,
    Mae miwsig yn fy ngho'
Am fachgen yn breuddwydio
    Ym mwg y pyllau glo.

Idris Davies

RHYMNI

(I Ceinfryn a Gwyn)

Yn Rhymni, pan ddôi Ebrill
   Yn law a haul a glaw,
Rhwng gwyrdd a llwyd y bryniau
   Ceid blodyn yma a thraw
A melys ydoedd meddwl
   Fod tipiau blac-a-lir
Yn falch o'r blodeuyn unig
   Dyfai ar chwerw dir.

Hynafgwyr yn atgofus
   A'r ifanc balch gerllaw;
Ac ar ben y pwll, y ddraenen
   Yn gwynnu yn y glaw,
A hen strydoedd salw'r cyfnos
   Yn cofio oriau'r hud
Yn Rhymni, pan ddôi Ebrill
   Yn haul a glaw i gyd.

Idris Davies
(Cyfieithiad J. Eirian Davies)

KITCH

James Kitchener Davies, 'Adfyw'.

Y gwynt a drawodd gyntaf,
hwnnw oedd y gwynt a'u gwahanodd:
diwreiddiodd, digartrefodd y tri
pan chwalodd y tŷ a'u hamddifadu o'r fam,
a hwnnw oedd y gwynt creulonaf.

Chwythodd yr ail wynt wedyn drwy Lain y tad:
cododd y perthi a'r coed
gerfydd eu gwreiddiau yn grwn:
diwreiddiodd y perthi a blannodd y tad i'w blant,
ac aeth etifeddiaeth ei fab
i ganlyn y gwynt.

Chwythodd y trydydd gwynt drwy'r dyddiau gwag,
chwythodd â nerth a rhyferthwy
drycin drwy gymoedd y streiciau,
drwy Rondda'r llwgfa a'r llid,
a hwnnw oedd y gwynt a ddihoenodd
y fodryb, a lledu ei fadredd drwy berfedd ei bod,
a'i chustudd oedd trydydd trais
y gwynt ar ei gyrch.

Ond hawliodd y gwynt olaf
yr un a fu'n herio'r anrheithiwr
hwn o wynt, ac yntau'n rhy wantan
i'w herio rhagor ar ôl iddo'i herio mor hir,
ac anaf gwaethaf y gwynt
oedd yr anaf olaf un.

Ond cyn i'r gwynt ei chwythu
i ddaear y Llethr-ddu,
heuodd hadau'i freuddwydion
ar daen ar adenydd y gwynt,

nes bod y gwynt hwnnw'n eu taenu,
yn eu chwythu drwy Gymru i gyd,
nes i iaith yr Ynys Wen
flodeuo eilwaith o afael y dolur,
ac i berthi a chloddiau a choed
y Llain ailberthyn i'r llwyth.

A gwâr oedd y pumed gwynt.

Alan Llwyd

WRTH WELED TREF BARGOED

Nid oes ond gwifrau'n tyfu ar bren,
  A llwydni ar wybren heulog;
Mynyddoedd duon caib a rhaw,
  A'r nant yn fawddwr ceulog.
A ddaw yr haf i ddail y coed,
A'i bêr gân tua'r Bargoed?

Ni ddaw tylluan i gwr un clôs,
  Na gwynt y nos tros ddolydd,
Ond ebill dur a chaib ar lo,
  Ac wylo cudd heolydd.
A ddaw y gog i gadw ei hoed,
A'i bergainc, tua'r Bargoed?

Ni chlywir o weirgloddiau cêl
  Sŵn isel rhai'n noswylio,
Ond tramp y glöwr ar ei daith,
  I waith, o waith, yn hwylio.
A ddaw cariadon ysgafn droed,
A'u byr gam, tua'r Bargoed?

Didostur ydyw ias y dur:
  Try hoyw-wŷr yn ynfydion;
Nid erys Hud yn hir, dan raib
  Y caib a'i drwm ergydion.
Ond a droes dyn pob oes erioed
Bob ergyd tua'r Bargoed?

Iorwerth Peate

BARGOED

Drwy flynyddoedd hir dy lafur
fel morwyn fach
yng nghegin y cwm,
ni phoenit am dy iechyd,
poenau tyfu oedd y poenau dibwys.

Fel y cerddai y blynyddoedd
anffurfiwyd dy gefn dan bwysau gwaith,
ond ni faliaist ddim —
ni laddodd gwaith caled neb erioed.

Ym mlynyddoedd dy flinder,
troaist dy wyneb at y pared
a doedd neb wrth erchwyn dy gystudd
i drin dy ddoluriau gwely.

Dafydd Islwyn

TRIBANNAU CWM RHONDDA

Mi wela' ffarm Glyncoli,
Glyn-moch ac Abergorci,
Y Tyle-coch a'r Tyle-du
A thalcen tŷ Pengelli.

Yng ngwaelod cwm y Rhondda
Mae pwll sy'n un o'r dyfna,
Lle gwelir coliers, dyna'r gwir,
Yn rhecu gwŷr Ostrelia.

Dylifa bechgyn ffolion
I'r Cwm o hyd yn gyson,
O Wlad yr Haf hwy ddôn yn sgryd
Fel ynfyd haid o ladron.

Mae merched Cwm y Gloran
Yn ffaelu troi cramwythan
O isha cymorth gŵr neu was
I'w thoso mas o'r ffrimpan.

Rhai tyn yw gwŷr y Gloran
Am gram'wth ac am dishan,
Gan fyw yn fras fel gwŷr y Fro
Beth bynnag fo eu hangan.

Does odid air ond 'ffwlbert'
Yn odli â Theherbert,
Mae'n anodd felly roddi sen
I'r lle ar bennill ffraethbert.

Pan fyddo'r Fo'l Fynydda
Yn gwisgo'i chap yn fora,
Ti gei weld, cyn canol dydd,
Bydd ar 'i grudd hi ddagra.

Anhysbys

SENGHENNYDD

Diwedd haf.
Prin oedd yr olion yn awr.
Lliwiau wedi hen bylu.
Dail crin dan draed.
Hen, hen goed ar y llethrau yn gwyro yn y gwynt –
Gwyro fel y bydd milwyr yn gwyro wrth wneud eu safiad
ola.
Cwm hir, igam-ogam.
Olwynion. Driliau.
Rhygnu, chwyrnu, chwalu.
Nentydd yn sur gan saim a sarhad.
Teresau a godwyd ar frys –
crechwenu ym mhob ffenest.
Yna, adenydd drwy'r ffurfafen.
Drws yn agor – rhywun yn rhoi croeso i'r dydd newydd.
Plant. Llygaid ar gau, yn diolch am eu bwyd.
Hen geffyl yn mynd o ddrws i ddrws –
dyn llaeth yn llenwi ystên.
Postmon yn curo drws.
Ac wedyn, hwteri'r pwll yn hollti'r tawelwch
Ac yn sgrechain y drychineb dros y cwm.

Rhydwen Williams

NOS-DA O BEN GRAIG-WEN

(I Gerwyn a Bethan)

Nos-da i'r haul
a dacw'r düwch
yn driog dros y cwm.
Nos-da a dacw'r dre'
a'i bryfed tân blêr
yn wincio
hyd y gorwel.
Rhai talpiau tew
o leufer oren
o ben Graig-wen fel hyn.
A brychni prin
y melyn mân
yn mwydo
o ben y bryn.
O bell,
mae crensian traed
i 'Angharads'
yn bererindod o chwerthin
a chwydu.
Nos-da o ben Graig-wen
a throi at y gegin.

Catrin Dafydd

GARDD ABERDÂR

Ni welaf firi taplas
Na chŵn ar feili'r Gadlas,
Ni ddaw i'r awel namyn sŵn
Iaith aliwn oer ei solas.

Ac ofer imi erfyn
Gweld Mair Tri Thiwn a'i thelyn,
Yn llywio'i ffordd i lonni tant
Gŵyl Mabsant Cwmwd Meisgyn.

Mae'r hendy'n gruglwyth anial
A gwag yw llofft y stabal;
Mor dawel yw! I ba le'r aeth
Y cwmni ffraeth di'mofal?

Heb fanwair ar y mynydd,
Heb wartheg teg ar ddolydd,
Ni welir mwy y cymorth cyd
Wrth gasglu ŷd y meysydd.

Pa flaidd fu'n tarfu'r defaid
A gwasgar y bugeiliaid,
A gyrru praidd yr ogor prin
I chwilio'r bin am damaid?

Braenarwyd hen oleddau'r fro
Wrth chwilio glo i estron,
Mae tomen rwbel wrth fy nhroed
Lle tyfai Coed Glyn Cynon.

Mae chwyn ar lwybrau'r hen dŷ cwrdd
A choed ei fwrdd yn pydru;
A'r fynwent mwy, y Diawl a'i medd –
Caiff yno fedd i fallu.

Daeth coch y rhwd i ddwyno'r Dâr,
Rhoes lediaith ar ei ffrydiau,
Ac ofer iddi fwrw'i tharth
I guddio gwarth y Gweithiau.

D. Jacob Davies

86

MARCHNAD ABERDÂR AR NOS SADWRN

Yn awr, fy nghyfeillion,
    O fawrion i fân,
Cydneswch yn gryno
    I wrando fy nghân;
Mi wn, os darllenwch,
    Y chwerddwch eich siâr
Am hanes y farchnad
    Sydd yn Aberdâr.

Byrdwn:
    Mae Shoni Sir Ga'r
        A Nani, fel giâr,
    Am hanes y farchnad
        Sydd yn Aberdâr.

Yn sydyn ddydd Sadwrn,
    Pan ddaeth y prynhawn,
Y dynion yn cyrchu
    A'r lle ddaeth yn llawn;
Roedd *hosiers* Tregaron
    A'u sanau ar glwyd,
A llawer o'r rheini
    Mor denau â rhwyd.

Yn gwerthu papurau
    Mi welwn ddau flac,
Gerllaw y rhai hynny
    Yr oedd y *Cheap Jack*;
Un arall yn gweiddi
    'Now, penny a go,'
Wel fechgyn, os mentrwch,
    Cewch *brize* ar bob tro.

I mewn i dŷ'r farchnad
    Mi es yn ddi-stop,
Roedd yno rai'n gwerthu
    Poteli o bop;

Rhyw Badi a lyncodd
   O'r botel bob dafn,
Ond safodd y corcyn
   Yn sownd yn ei safn.

Roedd yno gigyddion
   A hwcsters mawr stŵr,
A rhyw wraig yn ffraeo
   A churo ei gŵr;
A Wil Bach y bwtsiwr
   Yn edrych yn ddig,
Waeth iddo fe golli
   Dau ddernyn o gig.

Pwy welwyd yn rhedeg
   Ond Peter Macceg,
Ymlaen ar ei gyfer
   Â *shoulder* a *leg*:
A'r dynion a'i gwelodd
   I gyd ar eu *watch*,
A'r Padi yn crio
   '*By jingo I'm catch*.'

Yn Heol y Farchnad
   Mi welwn ryw lot,
A dyn oedd yn gweiddi
   '*Now, penny a shot*';
A Dafydd y colier
   A'r hen William King,
Yn mentro chwe cheiniog
   Am saethu i'r *ring*.

Ymlaen 'r es yn raddol
   I ganol y sgwâr
Lle gwelwn Dai'r Cardi
   A Shoni Sir Ga'r;
A dau oedd yn rhuo
   Am guro Wil Rhys,
Ond rhoddwyd hwy'n dawel
   Yng ngafael polîs.

Yr hen Jack oedd yn canu,
    A Huw gydag e,
Am fargen led drwstan
    Wnaeth *hawker* y te;
Ac yntau, Bill Bowen,
    Mor gymen ei gamp,
A'r hen Lanybydder
    Ar gyfer y lamp.

Roedd yno gwac doctor
    Mewn mawredd i gyd,
Roedd hwnnw yn gwella
    Pob peth yn y byd;
Rhows botel a philsen
    I Bili, mab Dic,
Rhag rhywbeth ddaeth arno
    Wrth dreio rhyw dric.

Pan aeth hi yn hwyrach –
    At hanner y nos,
Roedd rhai wedi meddwi,
    A thynnent yn gro's;
Mi beidiais â chanu
    Rhag i mi gel sen,
A dwedais yn ddifrad
    Mae'r farchnad ar ben.

Dafydd Jones

PENILLION GALW

*Gwaedd Moc, Odyn y Gollen Ffrengig, wrth werthu calch
yn ardal Ffynnon Daf*

Cialch! Cialch!
O Otyn Gollan Ffrengig
I wyngalchu tai bonheddig,
Rhaid gwyngalchu'n sŵn y gog
Erbyn dydd mawr y Grog.
Cialch! Cialch!
I'r clawd a'r balch,
I gatw'n iêch prynwch gialch
Erbyn dydd mawr y Grog.

Gwaedd Dan a Pegi'r 'Alan wrth werthu halen yn Nantganw

'Alan! 'Alan!
Rhaid cael 'alan ddychra'r gaea
Er mwyn 'alltu'r mochyn tena;
Rhaid cael 'alan pin ddaw'r rhew
Er mwyn 'alltu'r mochyn tew.
Prynwch 'alan ferchid Cymru,
Er mwyn ciatw'r ciawl rog drewi;
Prynwch 'alan, ferchid bêch
Er mwyn ciatw pawb yn iêch.
'Alan! 'Alan!
Dyma 'alan gora Cymru
Sydd gan Dan a Peci fêch.

DAI

Bachan bidir yw Dai, 'tawn i byth o'r fan,
    Ma fa'n scolar lled dda, ac yn darllan shew;
Un dwrnod da'th rhw lyfir Sysnag i'w ran,
    Ac fe'i hoerws e i gyd, ishta pishin o rew.

Dodd e'n lico dim byd yn y capal yn awr
    Ond amball i brecath ar gyflog a thai,
Rodd e'n stico'n y tŷ â'i wep shag i lawr,
    Ac yna'n y diwadd fe ddantws Dai.

Rodd e'n treulo dy' Sul ishta hyrtyn o'i go
    I sôn am gyfloge – 'i unig ddileit;
'Gydwithwrs i gyd' – dyna'r dechra bob tro,
    Rodd 'i ben e'n gam, ond 'i galon e'n reit.

Fe barws yn sobor i wala o hyd,
    A pharchws 'i fam, beth bynnag 'i fai;
Fe gatws o'r capal nis gwn i pa cyd,
    Ond yfws e ddim: whare teg i Dai.

Rwy'n cofio pan gladdson nw Bili 'i frawd,
    A phedwar o grots bach, heb ddim ar 'i ôl.
'Dewch chi,' mente Dai, 'chewch chi ddim bod yn glawd,'
    Ac fe gariws y ianga sha thre yn 'i gôl.

A dyna lle ma nw, gita Dai a'i fam,
    A rywsut dyw'r dorth ddim rhw lawar yn llai;
A chretwch chi fi, chaiff neb nithir cam
    Â'r pedwar boi bach tra bo anal yn Dai.

Mi etho rw ddwetydd, fel arfadd, i'r tŷ,
    Heb gnoco na dim, fel buo i ar fai;
Ac mi glywn yr hen wraig, â'i dagre'n llu,
    Yn diolch i Dduw am gâl catw Dai.

Ond dyna odd gen i ar feddwl i wêd
    Cyn dechra whilmentan ar draws ac ar hyd,
Ryw nos yn y capal fe wespwd ar led
    Fod Dai yn dod nôl, wedi'r cyfan i gyd.

Wel, bora dy' Sul rodd y lle yn llawn,
    A neb â dim amcan pa beth odd yn bod;
Ond rodd 'no gewcan i'r drws yn amal iawn
    I ddishcwl i weld os odd Dai wedi dod.

A wir ymhen ticyn, dyco fe'n dod,
    A mi 'steddws yn ôl, yn rhy swil i ddod 'mlân;
Ron ni'n treio canu, 'fu shwd leisha 'rio'd,
    Dodd dim ond yr organ yn cwpla'r gân.

Rodd corn 'y ngwddwg i'n stico'n dynn,
    Rown i'n llefen fel plentyn, a 'dallwn i lai,
A llefen rodd pawb yn y cwrdd erbyn hyn,
    Ond pedwar o grots bach dda'th miwn gita Dai.

Rw i'n lico'r hen grwtyn, ma'n rhaid gwêd y gwir,
    Ma fa'n biwr ddigynnig, os yw e yn ffôl;
Os aiff, ishta dafad, ar grwydir yn hir
    Ma'i galon e wetni'n 'i dynnu fe'n ôl.

Ga i'n shomi, fel un, os na ddalith e'n dynn;
    Fe gwnnws i wilia'n y seiat nos Iau,
Anghofiws 'i hun, fe ddechreuws fel hyn:
    'Gydwithwrs i gyd' – bachan bidir yw Dai.

J. J. Williams

Y LLEN

(Detholiad)

Ia, echdo cas a'i gladdu,
Yn fynwant y Twyna'!
Ma sywr o fod pum mlynadd ar ician
O war claddu hi:
Welas i ddim o'r garrag
Wath o'dd y pridd
I gyd weti c'el i dwlu ar i ben a.
Fuas i 'na? Wel do, w,
Achos o'n i'n dicwdd bod lawr co'n aros gyta ffrindia
O nos Wenar 'yd 'eddi;
Wyt ti'n gwpod fel wi'n lico
Mynd 'nôl i'r 'en le nawr ac yn y man!

Tro 'yn,
O'n i weti meddwl mynd lawr i Gardydd
Bora Satwrn, yn yrbyn y matsh yn y pryn'awn,
Ond clywas am yr anglodd . . .
Ia, ia, cyn douddag t'wel –
Wath ma'r torrwrs bedda i gyd yn yr Union nawr
A wna nw ddim ar d'wetydd Satwrn.

Allwn i byth pito mynd
I anglodd yr 'en foi.
Buws a'n biwr iawn i fi flynydda nôl
Pan es i'n grwtyn ato fa yn y talcan glo
A buas i'n wilia lot sha fa . . .
O'dd lot co?
Be' ti'n wilia, 'chan –
Preifet yw 'i 'eddi 'ta nw, 'ed!
Am un-ar-ddeg 'to'dd neb
Wrth gât y fynwant ond 'êrs,
Dou gar a fi.
Na, do'dd y plant ddim yn gwpod pwy o'n i
O bopol y byd: ond taw sôn,
O'n nw ddim yn napod y gweinitog chwaith:

93

O's dim gweinitog weti bod 'ta'i gapal e
Os blynydda,
A goffod nw yrfyn wetyn ar 'wn, t'wel.

Dêr, ges i waith i ddiall a,
Ryw Gwmr'eg dwfwn a 'wnnw yn i lwnc i gyd!
(Glywas i nw'n gweud
Taw lan sha'r north ma'i galon a o 'yd,
Ond i fod a'n meddwl caiff a dicyn o stwff
Useful lawr sha'r sowth 'na;
Ma 'obi gyta fa o sgryfynnu
I brogammes Cwmr'eg y wireless.)
Ges i grap itha da arno fa, sachni, o beth wetws a
Ar i weddi ar lan y bedd: diolch
Wnas a am gartrefi cryfyddol mywn o's 'ddreng'
('Na'r gair wetws a, wi'n cretu, ta beth yw a).

Ond wotsho'r plant o'n i,
A meddwl!
'Na le'r o'dd Glatys a Susie,
A'u gwrwod gwrddon nw yn yr A.T.S. –
A reini weti c'el gwaith ar y Tradin' Estate nawr;
A Isaac a'i wraig –
Merch o Ireland a fe weti troi'n Gathlic gyta 'i . . .
A dim un o'onyn' nw'n diall Cwmr'eg.
Ond wi'n canmol nw am g'el anglodd Cwmr'eg iddo fa,
A o'n nw weti catw'r 'en foi'n itha' teidi 'yd y diwadd 'ed.
(I galon a 'eth yn ddiswmwth.)
Do, do, nison' nw u d'letsw'dd reit i wala; weti'r cyfan
Dim ond ta'cu o'dd a iddyn nw, a peth arall,
O'dd a me's o'u byd nw'n deg.
Wyt titha a finna'n gwpod rwpath am 'yn,
Wath dyw'n plant ni ddim yn wilia'r 'en iaith, otyn' nw?

[. . .] Ond 'ma beth o'n i'n mynd i weud –
Mae'n ryfeddod
Bo nw wedi catw'r achos i fynd o gwpwl;
Ar ôl colli cimint o aelota,
'Eth y cascliata lawr i rwla
Ac 'eth arian gwyrthu'r Mans yn ddim.

Ond weta i wrtho ti beth safiws nw –
Y Ryfal!
Cas y dynon i gyd, a lot o'r merchad, waith
Yn y ffactyri newydd 'na;
A d'eth lot nôl o'dd weti mynd i gatw draw achos bo nw'n
shabby!
Shabby wir! Nid nw o'dd yn shabby –
Ond y ladidas 'eth o co fel llicod yn gatal llong!
Paid gweud 'tho i, 'sdim isha reini nôl.
Goffod i bopol fel ti a fi
Ddod i Loegar i wilo am waith.
Peth arall
O'dd symud i gapal ticyn mwy stansh yn yr un dre'.

Ma'r 'en ffyddloniad mor stansh â nw 'eddi;
'Sdim llawar o'nyn nw – ond
Ma arian yn u pocad nw – a dillad diwetydd 'da pawb.
A peth arall i ti –
Ma nw'n mynd i g'el gweinitog, na, wi ddim yn gwpod
I enw fa, ond do's dim degree 'ta fa,
Geson nw ddicon o'r students 'ma
Amsar ryfal, a'r polis yn dod i wrando arnyn nw, a nawr
Ma'r deiaconiad yn meddwl
Bod 'i'n well i nw g'el rywun allan' nw drafod; a wir,
Wi o'r un farn â nw!
Wsmo ti'n meddwl bod rai o'r youngsters 'ma'n apt i fynd dros
ben llestri?
'Na beth ma'r 'en ddonkeys yn gweld,
(Ma nw ddicon ciwt pan ddaw 'i i'r point)
A 'na i gyd ma nw mo'yn nawr
Yw rywun dicon o ddyn i gatw ml'en yr 'en draddodiata
'Mywn o's ddreng' – ys gweto milord;
Bob dydd Sul, 'ta beth,
'Ytnod os na chaiff a neb
I ddod i gwrdda'r wsnoth. 'Sdim iws dishgwl gormod. [. . .]

Wel, mawr dda iddyn nw.
Licswn i fod weti sefyll i'r Gymanfa 'eno
(– Bore a pryn'awn, wetast ti? Na, dim os blynydda!
A dim ond Tommy Solfa, bachan local, sy' 'ta nw'n arwan leni,
Ar i last legs 'achan!)

Ond allswn i byth dachra fory
Ar ôl trafaelu trw'r nos.

Walla a i lawr i'r Cwrdd Sefytlu mish Awst:
Ma 'ta nw rwpath o 'yd, w, sy' ddim 'ta'r Saeson 'ma!
Eswn i ddim yn acos
Onibai bod raid
Roi rwy shampl i'r plant witha,
A'r ciwrat yn cymryd shwt ddiddordab gyta nw yn yr Youth Club.
Ond o'dd rwpath yn ots nag arfar lawr co 'leni 'ed.
Wi'n gweld a'n dicwdd os blynydda,
Ond tro 'yn glicodd y peth yn 'y meddwl i . . .
Wyt ti'n gwpod
Fel ma cyrtens yr 'Ippodrome yn cau . . . yn ddistaw bach . . .
Ar ddiwadd y perfformans?
Wel falna mae co!
Wi'n gweld llai o'r 'en scenery bob tro . . .
A wi'n c'el y teimlad
Bo fi'n c'el yng ngwascu m'es gyta'r crowd.

A nawr, ma'r 'en stager dwytha' weti mynd;
Licswn i fod weti i weld a cyn y diwadd,
Wath o'dd a'n llawn gwybotath o'r 'en betha.
(O'dd a'n gweld isha cyfarfotydd y Cymrigiddion yn ofnatw
Pan gwplws reini.)
Wetws a gricyn wrtho i am y wlad
Pan o'dd a'n grwtyn – cyn dod i'r gwitha.
Buws a'n myn' nôl co am wsnoth
Bob 'af, am flynydda –
Nes i'r 'en deulu wyrthu lan, a myn' i Lundan . . .

Ia, echdo gladdwd a,
On' ma 'ta fi rwy feddwl
Bod a weti marw . . . fisho'dd yn ôl.

Bachan, o'n i'n gweld yn y papur 'eddi
Bod pethach yn goleuo sha Rwsia 'na!
'En bryd 'ed!

'Sdim sens bod 'annar y byd ddim yn gwpod
Shwt ma 'annar arall y byd yn byw.

Ia wel! Back to the grind 'fory . . .

Hei, gewn ni gwrdd yn y matsh dy' Satwrn . . .
. . . Os byddwn ni byw.

Dyfnallt Morgan

'WTERI

Nos 'r ôl nos o'm gwely cul, fe glywas
   'wteri'r gwitha'n cyfarth fyl 'elgwn –
Penr'iwceibar, Nafigêshon, Dinas –
   yn dær a iasol o ddwfndar Annwn.

On' 'r un mwya ithus, cret ti fi,
   ôdd 'wnco manco, pwerdy Glan-bæd,
yn natu am y dansher i'n cartrefi:
   'na lle, ar dyrn diweddar, rôdd 'y N'æd

yn gwitho, twel. A dyma'r Lwfftwaffa,
   'r ymwelwyr gwinad, yn gwacau'u llwyth
ar blantos cymodd Cynon, Tæf a R'ondda.

Anodd, 'eb fod yn 'anesyddol ffals,
   yw gwenu'n shwtŷchi wrth 'r union lwyth
sy' weti cisho frwa di'n shib-ar-'als.

Meic Stephens

Y FFRANCES A'R GYMRAES

(*La Parisienne*, Pierre-Auguste Renoir)

Ai'r lliw a dynnodd dy lygaid, Gwen?
yr asur mor danbaid â'r awyr
ar brynhawn Sul diog o Awst,
a llyfnder afon Seine yn llepian
bysedd poeth fel cusan pali,
ei siffrwd tywyll fel y dail
y cysgodem danynt rhag y gwres
cyn rhodianna eto'n ôl, fin nos,
tua'n swper ar fraich ein *beaux*.

Neu'r toriad, efallai, fu'r atynfa, Gwen:
afradlonedd sidan, plyg ar blyg
yn rhaeadr chwil o grychau *chic*
a dasgodd o ffynhonnau'r *nouveaux riches*
yn ewyn nwyd dan enw ffasiwn,
a'i phwytho wedyn hyd ffansi
gwniadwreg fwy crefftus na'r cyffredin,
une madame a chanddi enw yn y ddinas
ymhlith gordderchau'r *bourgeois* a'r *élite*.

Ai dirgel chwennych ffrog fel hon
i wenu'n fursen ar Sabathau swil
Llandinam, darbodaeth Tregynon,
a'th yrrodd, Gwen, i'm prynu
eilwaith fel putain? fy ngosod fyth
i sefyll yn nrws y tes llesmeiriol
yn borth i lenwi llygaid barus,
heb unwaith deimlo mwythau maneg cariad
mewn rhyw sioe o bilyn benthyg?

Neu a sylwaist ar yr esgid fach,
ei blaen yn mynnu brigo dan y godre glas
fel cnwbyn cudd o'r glo mân
fu'n fodd i gyfoethogi gwlad?

Christine James

99

Y DILYW 1939

(Rhan)

Mae'r tramwe'n dringo o Ferthyr i Ddowlais,
Llysnafedd malwoden ar domen slag;
Yma bu unwaith Gymru, ac yn awr
Adfeilion sinemâu a glaw ar dipiau di-dwf;
Caeodd y ponwyr eu drysau; clercod y pegio
Yw pendefigion y paith;
Llygrodd pob cnawd ei ffordd ar wyneb daear.

Unwedd fy mywyd innau, eilydd y penderfyniadau
Sy'n symud o bwyllgor i bwyllgor i godi'r hen wlad yn ei hôl;
Pa 'nd gwell fai sefyll ar y gongl yn Nhonypandy
Ac edrych i fyny'r cwm ac i lawr y cwm
Ar froc llongddrylliad dynion ar laid anobaith,
Dynion a thipiau'n sefyll, tomen un-diben â dyn.

Lle y bu llygaid mae llwch ac ni wyddom ein marw,
Claddodd ein mamau nyni'n ddifeddwl wrth roi inni laeth o Lethe,
Ni allwn waedu megis y gwŷr a fu gynt,
A'n dwylo, byddent debyg i law petai arnynt fawd;
Dryllier ein traed gan godwm, ni wnawn ond ymgreinio i glinig,
A chodi cap i goes bren a'r siwrans a phensiwn y Mond;
Iaith na thafodiaith ni fedrwn, na gwybod sarhad,
A'r campwaith a roisom i hanes yw seneddwyr ein gwlad.

II

Cododd y carthion o'r dociau gweigion
Dros y rhaffau sychion a rhwd y craeniau,
Cripiodd eu dylif proletaraidd
Yn seimllyd waraidd i'r tefyrn tatws,
Llusgodd yn waed o gylch traed y plismyn
A lledu'n llyn o boer siliconaidd
Drwy gymoedd diwyneb diwydiant y dôl.

Arllwysodd glaw ei nodwyddau dyfal
A'r gledrau meddal hen ddwylo'r lofa,

Tasgodd y cenllysg ar ledrau dwyfron
Mamau hesbion a'u crin fabanod,
Troid llaeth y fuwch yn ffyn ymbarelau
Lle camai'r llechau goesau llancesi;
Rhoed pensiwn yr hen i fechgynnos y dôl.

Er hynny fe gadwai'r lloer ei threiglo
A golchai Apolo ei wallt yn y gwlith
Megis pan ddaliai'r doeth ar eu hysbaid
Rhwng bryniau'r Sabiniaid ganrifoedd yn ôl;
Ond Sadwrn, Iau, ac oes aur y Baban,
Yn eu tro darfuan'; difethdod chwith
Ulw simneiau a'r geni ofer
A foddodd y sêr dan lysnafedd y dôl.

Saunders Lewis

RHIGWM

Bachgen bêch o Ddowlais
   Yn gwitho 'flên y tên,
Bron â thorri'i galon
   Ar ôl y ferch fêch lên;
'I goese fel y pibe
   A'i freichie fel y brwyn,
A'i ben e fel potaten,
   A hanner llêth o drwyn.

Anhysbys

TRIBANNAU

O fewn i'r Garwdyla*
Y rhois f'anadliad cynta,
Ni wn ymhle na pha ryw lun
Y chwytha i'r un diwetha.

Gwilym Harri

Os ffaelis yn fy amsar
Ga'l tyddyn wrth fy mhlesar,
Pan af i Fynwant Aberdâr
Caf yno siâr o'r ddaear.

Anhysbys

* Plwy Penderyn.

CWM RHONDDA

Disgynnodd y siawnsfentrwyr ar y glo
A'i droi yn rhan o'r annwn heintus, welw,
Ei wŷr yn ddim ond rhifau yn eu bro,
Rhifau bataliynau busnes ac elw;
O'r dyfnder clywsant lef Sosialwyr croch
Yn addo gwynfyd o Senedd-dy'r Sais,
Ac wedi'r siom orchymyn Marcsiaid coch
Am iddynt gipio'u nefoedd wag trwy drais.
Dringwch, a'r milgwn wrth eich sawdl, i'r bryn,
I wlad y ffermydd a'r ffynhonnau dŵr,
A gwelwch yno ein gwareiddiad gwyn
A dyrnau Rhys ap Tewdwr a Glyndŵr,
Ac ar ei gopa Gristionogaeth fyw
Yn troi Cwm Rhondda'n ddarn o Ddinas Duw.

Gwenallt

CLYCHAU

(Cofio Idris Davies, Rhymni, 1905-1953)

I

Pwy gofiodd yr ha' blin
a'r ceginau cawl troednoeth
a'r areithiau tanbaid?

Pwy glywodd gloch siop y gornel
yn galw Dan y groser at ei gownter gwael
i edliw ei haelioni
wrth y gwragedd gwydn?

Pwy wrandawodd ar glychau
y cymoedd a'r cyffiniau
yn anesmwytho?

II

Nid yw'r haf eleni yn un blin
â'r cwm yn hamddena yn ddiofal
heb ei gap a'i fwffler;
a thylwyth Dai a Siencyn
a'u cymdoges, Magi,
yn llygadu'r cyfandir.

Mae clychau siop y gornel wedi tewi
ac nid oes neb yn cardota wrth gownter Kwiks.
Mae Merthyr yn cyfarch y dyfodol
yn ffatrïoedd Rhyd-y-car.
Draw yn y Rhondda maent yn cofio
cnul seremonïol
angladdau meistri'r pyllau glo.
'Er hynny,' galarna Blaina yn blaen,
'Mae rhyw ddrwg o hyd yn y caws.'

Mae clychau Caerffili'n canu clodydd
eu hysgolion Cymraeg
lle mae'r iaith yn fodern ei chân.
Mae Castell Nedd yn dweud yn glir
bod y cyffion o hyd
am droed y gweithiwr.
Draw dros y Bannau
mae galwad Aberhonddu'n datgan
bod newid ar droed
ar lannau Rhymni.

'Mae Duw wedi cilio
o Dwyn Carno a Bryn Hyfryd
ac un neu ddau sy'n sôn amdano
ym Mheniwel a Moreia',
ochneidia tonc Abertawe.
'Fe dynnaf y brodorion
i eistedd wrth fy nhraed',
ymffrostia cloch Casnewydd.
'Mae'r cwm ar fy nhrothwy
a cheisiwn ei warchod
o barch i'r cyndadau',
gwleidydda tinc Caerdydd.

Dal heb ddeall melodi'r cwm
mae Gwy gyffyrddus.

III

Y nosweithiau hyn
mae'r lleuad yn oedi'n hirach
uwch y bryniau cartrefol
ac mae cân y gylfinir
fel cloch ysgafn.

Dafydd Islwyn

CYWYDD CROESO EISTEDDFOD YR URDD
ISLWYN, 1997

Yn y ddôl mae haenen ddu,
Haenen heb ddadelfennu
O dan fileindra'r taro
Ar glai a goleddai'r glo;
Hon yw'r haenen werinol,
Yn llydan o dan ein dôl.

O aea'r ddaear fe ddaeth
Gwanwyn ein meddyginiaeth,
A heuwyd Gŵyl mewn dau gwm
Yn niwl ysgafn y glasgwm;
Trodd llaw gref ein pentrefi
Ar un waith i'w meithrin hi!

Gyrrodd hon ei gwreiddiau hir
I galedwch y glodir;
Fis ar ôl mis tynnai'r maeth
O haenen ein hunaniaeth;
Ceir nerth ac wyneb mebyd
Yn nhir Gwent i Gymru i gyd.

Yn nhwf yr Ŵyl cawn wefr iaith
I'n moelydd a'n cwm eilwaith;
Eisoes daw'n lliw arhosol
Flodau'n hiaith fel hud yn ôl;
Ym mrigau y Cymreigio
Dyna braf dadeni bro!

Mae yn awr yn ein cwm ni
Sachaid o groeso ichi!
Tegell heb well wedi bod
Yn berwi yma'n barod,
A thwf yr heniaith ifanc
A'i berw byw ar y banc.

Y mae gwaedd yng Nghwm Gwyddon,
Rhed y wlad i'r ardal hon!
Egni Sirhywi ar waith
Ac Ebwy'n tasgu gobaith,
A'n Gŵyl wedi'i diogelu
Yn nawdd hael yr haenen ddu!

Robat Powell

CÂN MERTHYR

Ye lads all thro' the country,
Gwrandewch ar hyn o stori,
You better go dros ben y graig –
Than go with gwraig i'r gwely.
O! O! O!

My wife did send me waerad
Down to the river Dafad,
I did tell her I wouldn't go –
She knock me with the lletwad.
O! O! O!

My wife did send me i weithio
Without a bit of baco,
She got plenty in the house –
Ni chawn i owns ohono.
O! O! O!

My wife did go to dinner,
Cig moch a palfais wether,
She eat the cig, give me the cawl –
A dyna chi ddiawl o bardner.
O! O! O!

Anhysbys

KEIR HARDIE

Dirwyn i ben y bendefigaeth gas
   Neu hawliau'r bendefigaeth dros y tlawd
Ac urddasoli'r gwŷr o ddibwys dras
   Na welsant fwy na chip ar wenau ffawd;
Tyfodd ei griw bach gwan yn fyddin gref
   Gwelodd heddychwyr gynt yn pledio'r drin;
Ni wrendy'r apostolion ar ei lef
   Y taer weddïwr na wnai blygu glin.
Ei blentyn ef oedd y Wladwriaeth Les
   A fagwyd weithiau gan ynghyfraith-rai
Mewn gwisg faterol fodern a di-wres
   Sy'n prysur ddirwyn enaid dyn o'i grai.
Tyner y drefn a'th gipiodd di i'w chôl
Rhag iti weld dy deyrnas ar y dôl.

Huw T. Edwards

TRIBANNAU

Mae brân a chi a chawci
I'w cael yn nhref Caerffili,
A thŵr fu'n syndod llawer o's
Mor gam â cho's Wil Dwmi.

Mae castell yng Nghaerffili
A gwely plu i gysgu
A lle braf i wara wic
Wrth gefan Picadili.

Anhysbys

I DDATHLU RICHARD MORRIS,
Y BRONLLWYN, Y GELLI, CWM RHONDDA

Ar yr awr ginio
eisteddai Socrates yr hedin caled
ar y bocs *tools* wrth y partin:
y tywyllwch o gylch
yn gwasgu'n drymach
na'r gromen ddaear uwch ben,
y set ddrama'n un persbectif
o *rings* uchel
yn ymbellhau i'r ddau gyfeiriad,
y deuddeg lamp
yn llifoleuo'r llwyfan.

Taflem y dadleuon ato fel pelau,
ac yntau'n eu dychwelyd
yn ddeheuig, yn gwrtais,
fel petaem ni oll
o blith y *soffistigedig*
(ei air cyson am wŷr doeth, dysgedig).

Weithiau cawn fynd gydag ef
i rannau o'r pwll
lle peidiodd pob gweithio
ers llawer blwyddyn,
ac eisteddem ar ddarn o bren
yn y peithdir tanddaearol hwnnw
wrth olau ei *lamp fêch*
a goprai'r awyr fwll, ddisymud.
Ac yn y tragwyddoldeb gwneud
lle collodd amser a lle bob ystyr,
byddem yn trafod bywyd,
y problemau mawr,
holl ddrysni oes.

Clywem yn y pellter
glec postyn yn gwingo dan y pwysau,
neu garreg yn syrthio
fel petai ei bywyd
yn dibynnu ar hynny.

Yn ôl y siarad
bu ei fryd unwaith
ar fynd i'r weinidogaeth,
ond bod y ddiod wedi boddi'r arfaeth.
A threuliodd weddill ei oes
yng ngwasanaeth grymoedd y tywyllwch,
a'r gyfalafiaeth a oedd yn wrthun ganddo.

Collodd ei ffydd, a chyda hi, yr alwad.
Ond o dipyn i beth
aeth trwy ei arholiadau
a'i ddyrchafu'n *fireman*,
yn gweithio bellach ar y shifft dydd
yn nistrict yr *Incline*.

Yr oedd yn fyr ei olwg,
y nystagmus hefyd yn ei ddallu bron;
ond roedd ei lygad mewnol yn glir,
ei olygiad yn syth, diwyro.
Yr oedd fel Crist yn athrawiaethu
mewn ogof-deml o gysgodion,
ei air yn sicr, ei farn yn deg,
ei galon yn llosgi
gan gariad at y gwir.

Galwai heibio ar dro
pan oeddem wrth ein gwaith:
y cyfarch crwm, y sgwrs,
yn ochrgamu fel cranc trwy'r ffas;
ac wedyn
y fflam fach gopor
yn bwhwman yn y pellter,
nes cael ei llyncu'n llwyr
yn y distawrwydd arswydus.
Peidiodd â bod.

Gareth Alban Davies

YN IEUENCTID Y DYDD

(Er cof am blant Aber-fan)

(Rhan)

Llu annwyl ar goll heno – eu hanes
    Yw cynnar orffwyso;
    Garw yw grym y slag a'r gro –
    Diynni'r fintai dano.

Odano a'i ddu donnau – rhodd i bridd
    Eu bro cyn eu dyddiau;
    Afon gerth o'r lofa'n gwau
    Drwy engyl ar dir angau.

Tir angau'n syfrdan cannoedd, – i'r fud dorf
    Terfyn ei rhawd ydoedd;
    Dwys Wener ein hamseroedd
    Aeth â hwy – ail Groglith oedd!

★   ★   ★

Dihareb o bentre bach
Dyma wewyr byd mwyach.

John Hywyn

RHIGOS

Unwaith, pan oedd y ddaear
    yn ddim ond môr ar hynt,
a llynnoedd oedd y lleuad,
    argaeau oedd y gwynt;
neidiodd y don i'r nefoedd,
    dringodd yn uwch fel draig,
parlyswyd crib yr alpau,
    a cherfiwyd grym y graig.

Un awr, un awr gofiadwy,
    a'r byd yn ddim ond ôd,
daeth mawnog a daeth mynydd,
    a'r afon feddw i fod.
Hen fardd a welodd fawredd
    ym mhlygion oer yr iâ,
a'i ganu'n goed a blodau —
    gydymaith, llawenha!

Rhydwen Williams

FFATRI'N Y RHIGOS

Âi'r merched i ffatri'n y Rhigos
mewn bws â seddau pren,
ond nid i gynhyrchu botymau
na rhwydau at wallt y pen.

Mae'r cof yn ynganu
    Coventry;
    – meini papur yng nghrafangau'r fflam,
    – mwg hyll y gweddillion
    yn codi
      o rwbel y cyrff.
Rwyf innau'n cofio Coventry;
mae rhywun yn cofio
    Cologne.

Rwy'n cofio Abertawe
    yn waed ar gwmwl y nos;
daeth y lleuad
    yn nes at y lloriau,
y seleri'n agored i'r haul.
Rwy'n cofio'r dydd
    – yn dawel;
mae rhywun yn cofio'r nos
    o drais
      ar ddinas Dresden.

Âi'r merched i ffatri'n y Rhigos
bob bore am bump o'r gloch,
ond wyddwn i ddim mai Angau
oedd gyrrwr y bws bach coch.

Dafydd Rowlands

TRIBANNAU

*(I ager-beiriant Richard Trevethick a dynnodd lwyth o haearn
am ychydig bellter gerllaw Merthyr yn 1804)*

Mae peiriant hynod ddigri
Ym Merthyr Tudful 'leni,
Mae'n rholio, rholio yn y gwynt
Ac â ynghynt na'r milgi.

Mae'n myned ar ei drafel
I'r Fynwent* fel yr awel,
A llwyth o harn a dynn ei hun
Yn gynt nag un anifel.

Os para wnaiff ei daclau
Mae peryg mawr yn ddiau
Yr â y sgamp cyn bod yn faith
Â'r holl o waith ceffylau.

Anhysbys

* Mynwent y Crynwyr.

117

GLOBYLLAU NEWYDDION YNYSOWEN A MERTHYR VALE

Dacw'n llesg y mae e'n esgyn
Fwg ac ager uwch y dyffryn
O lobyllau Ynysowen
Tua'r entrych glân;
Lle nad oedd na thwrf na chyffro,
Drwy'r holl oesau aethant heibio
Ond hen Daf yn araf lithro
Dros y cerrig mân.

Y mae'r fuan ysgyfarnog,
Gyda'r ffwlbart swrth a'r draenog
Wedi rhedeg yn anfoddog
I ryw gilfach draw;
Ac yn lle gwaedd oer y fulfran
A thw-hŵ y nos ddylluan,
Y mae'r ager gwyllt yn clecian
Yn y graig uwchlaw.

William Edmunds
(*Gwilym Glan Taf*)

118

YR HOYWAL NEWYDD*

Pe meddwn ddawn awenydd
Ar englyn, cân a chywydd,
Gwnawn bleth gynghanedd heb air sâl
O fawl i'r hoywal newydd.

Yr hoywal newydd hynod
Sy'n treiglo bryn a gwaelod,
Ei gweld mor drim ar hyn o dro
Sydd lawer o ryfeddod.

Mae'n waith o bwyllfawr ystyr,
Mae'r olwg arni'n ddifyr,
Llongwriaeth hywaith arni sydd
O dre Caerdydd i Ferthyr.

O dre Caerdydd mae'n myned,
Trwy ddyffryn Taf yn cerdded
Hyd Ferthyr Tudful, eitha'r sir,
Fe dâl yn wir ei gweled.

Mae'n cerdded drwy ddyffrynnoedd
Sy'n rhannu rhwng mynyddoedd,
A masnach fywiog arni'n rhes
Yn gweini lles i gannoedd.

Mae'n tringad gwartha creigydd
A gwyllt darennau gelltydd,
Mi wn ei bath nid oes mewn bod,
Hi haedda glod y gwledydd.

Perth serchus iawn i'r olwg
Yw gweled Sir Forgannwg
Fel hyn mewn llewyrch ar wellhad
Yn ben ein gwlad mor amlwg.

*Y gamlas rhwng Merthyr a Chaerdydd, a agorwyd yn 1794.

Mae yma weithiau mawrion
Mewn amryw iawn o foddion
Yn fwyd geneuau mwy o hil
Nag ugain mil o ddynion.

Lle hynod i'w ryfeddu
Yw Merthyr sy'n cynyddu,
Bach iawn o bentre'n tyfu'n fawr,
Tref fwyaf nawr yng Nghymru.

Pen gwlad yn ymddyrchafu,
Pob masnach yn cynyddu,
Peth hardd ei fod, mor wir ddi-feth,
Y cyfryw beth yng Nghymru.

Yr hoywal newydd drefnus
Sy'n arwain badau'n hwylus,
Ac ym mhob crywyn gwerthfawr lwyth
Sy'n talu'r pwyth yn felys.

Ffrwythlondeb yr holl wledydd
A golud helaeth beunydd
Sy'n cyrchu Merthyr, lle mae'r tâl,
Ar hyd yr hoywal newydd.

Ym mebyd y boreddydd
Da gennyf rodio beunydd,
Tra bytho'r diog yn ei wâl,
'R hyd glan yr hoywal newydd.

Caf weled coed a mynydd,
Caf weled gleision ddolydd,
Mydylau gwair a grynnau ŷd
Yn mesur hyd y meysydd.

Caf glywed cerddi'r adar
Pob un ar lawen lafar,
Gwna'r pethau hyn y corff yn iach,
A'r galon fach yn hawddgar.

Dymunaf rad a chynnydd
Bob awr i'r hoywal newydd,
Ac i'r holl weithiau sy'n y sir,
Cawn hynny'n wir lawenydd.

[?] *Lewis Wiliam*

GWREIDDIAU

(Detholiad)

Cleddais Saesnes ddoe.

Daeth yma
dri chwarter canrif yn ôl,
yn nyddiau Kitchener a Lloyd George,
yn briodasferch
i wlad y pyramidiau glo a chytiau'r colomennod.

Gadael cynefin tu hwnt i Hafren,
gwlad Mai ei glesni,
a disgyn
yn alltud anghyfiaith
i gulni'r cwm
a syllu a siffrwd a sefyll draw
yr haid brithlwyd.

Colomen wen,
heb na châr, na chefnydd, na chyfaill.

Mam-gu.

★   ★   ★

'*Ponti-prid*' fu Pont-y-pridd
ar hyd ei chanmlwydd.

'*Pretty boy, Snowy.*'
'*Pretty boy, Snowy.*'
'*Who's a pretty boy, then?*'
'*Who's a pretty boy, then?*'
Y drilio di-baid,
diffwdan-amyneddgar,
wrth ddysgu parabl
i ddigrifwas ar droell
mewn cawell
wrth ei phenelin.

Pa fodd na lwyddodd hithau i ddysgu'r iaith
yn nyddiau ei halltudiaeth hir ar lannau Taf?

★   ★   ★

[. . .] Yn hedd y prynhawn,
dyrchafai ei llygaid
oddi wrth Gae'r Helyg,
Parc y Gofeb, a thipiau'r Dyffryn,
a sugno maeth
o eangderau'r mynydd
draw.

Cliriwyd y coed oddi ar ei lethrau
yn nyddiau rhyfel,
a'i feddiannu bellach gan redyn –
bobman, hynny yw, ond y creigiau uchel,
a brodwaith caeau hen adfail
Cilfach yr Encil.

Craffai ar bob symud bach, pob newid lliw,
a'r cyfan yn gyffro a gwefr.
Merch y gwastadedd
wedi dod dan hud y mynydd.

★   ★   ★

Gyda'r blynyddoedd
cynyddai'r gyfaredd.
Daeth dianc yn ddefod Sadwrn,
a'r car coch yn ei chludo
ar hyd llwybr Brychan
dros Bont Rhun a heibio i Gilsanws
i wynfyd y Bannau.

Cylchynu'r llynnoedd gwneud
a'u pinwydd llonydd, estron.

Casglu trwsiad y merlod
i adfer nerth i'r ardd.
Picnica yn sŵn y nant a'r adar mân,
a gwledda fel alltud Ceiriog
ar grug y mynydd yn eu blodau porffor.
Prynhawnol de a theisen hufenog, a throi am adre –
a Chymro bach yn pwyso ar ei hysgwydd,
yn cysgu'n braf.

★   ★   ★

Yn y diwedd
aeth yr ardd yn drech,
y chwynnu'n fwrn,
y perthi'n boen.
Prinhaodd y gweision cyflog.

Darfu am y llysiau o'r lleiniau isaf.
Torrwyd coed ffrwythau'r terasau canol,
am fod y llanciau lleol yn dwyn yr afalau.
Chwalwyd y tai gwydr.

Yna gwaith argoed:
llwyfen, ywen, aethnen, onnen –
cymdogaeth y coed
a'u had yn sylwedd ynddynt
yn sugno maeth hen bridd y canrifoedd,
a'u gwreiddiau'n meddiannu
llain ar ôl llain,
gwely ar ôl gwely,
yn chwalu'r muriau a'r grisiau concrit,
yn hawlio'n ôl eu hetifeddiaeth.

★   ★   ★

[. . .] Machludai haul Awst,
a'i ruddni'n cilio'n araf
fel coch map ysgol y pentref.

Datseiniai emyn Jiwbilî Victoria
yn un o flychau'r cwm.

'The day thou gavest Lord is ended . . .'
Yr emyn yn Saesneg, yr acenion, Gymreig.
Diwedd dydd, diwedd cyfnod, diwedd oes.

Ei chludo dros Bont Rhun
i lethr yn Aber-fan
yng ngolwg hen adfail Cilfach yr Encil.

Ei chladdu yno,
yn gyflawn o ddyddiau,
islaw'r gadwyn o feddau gwyn
lle'r wylwyd dagrau tostaf yr ugeinfed ganrif.

Ac yn nwyster y 'Nos da' olaf,
plannu rhosmari ym meddrod y galon.

★   ★   ★

Ddoe cleddais Saesnes.

Mam-gu.

E. Wyn James

Y GLÖWR

Mae'r glân arglwyddi'n gyrru
    Mewn dwfn gerbydau hardd,
A'u harglwyddesau'n tyrru
    O'r dref i goed yr ardd;
Paham na cheni dithau'n iach,
Ar hindda fwyn, i'r Rhondda Fach?

Mae ynys yn y Barri,
    Ac awel ym Mhorthcawl,
A siwrnai yn y siarri
    I rai a bryn yr hawl;
Paham y treuli ddyddiau îr
A nosau haf yn Ynyshir?

R. Williams Parry

Y DYRFA

(Rhan)

Gwyddwn fod Siencyn yn y Dorf
 Yn rhywle, – Siencyn Puw,
'Rhen ffrind o Donypandy ddu
 A ganai fawl i Dduw
Ar ddim ond seithbunt yn y mis,
 A phump neu chwech o blant
I'w magu ar hynny. Roedd hen nwyd
 Y bêl yng nghalon sant
Wedi ei dynnu i fyny i'r Dre,
 Er bod y cyrddau mawr
Yn Libanus a 'hoelion wyth'
 O'r 'North' yn dod i lawr.

Siencyn, a ddysgodd daclo im
 Pan own i'n Libanus
Yn 'stiwdent' ar fy mlwyddyn braw
 Mewn dygn ofn a chwys;
Siencyn, a ddaeth i'm gweld am sgwrs
 A 'mwgyn' wedi'r cwrdd,
A gwraig tŷ'r capel bron cael ffit
 Wrth glywed hyrddio'r bwrdd
Tra dysgai Siencyn im pa fodd
 Y taclai yntau gynt,
Cyn i'r Diwygiad fynd â'i fryd
 A'r *asthma* fynd â'i wynt.

Gwyddwn fod Siencyn yn y Dorf,
 A llawer Shoni a Dai,
Er bod cyflogau'n ddigon prin
 A'r fasnach lo ar drai.

Cynan

CÂN NEWYDD

Yn rhoddi hanes yr amgylchiad hynod a gymerodd le yn ddiweddar yn Llantrisant, pryd y darfu i'r enwog Dr Price wneud ymdrech i gremato neu gorfflosgi gweddillion ei blentyn, yn lle eu claddu. Darfu i'r fflamau dynnu sylw ei gymdogion, a daeth nifer ohonynt i'r lle yn fuan, a rhwystrasant y Dr i gario allan ei amcanion.

Holl drigolion siroedd Cymru,
Dewch, gwrandewch ar newydd ganu
Am ryw drwstan dro cynddeiriog
A wnaeth Doctor o Forgannwg.

Cytgan:
Doctor Price garia'r dydd,
Doctor Price garia'r dydd,
Er bod llawer yn ei erbyn
Y mae'r Doctor eto'n rhydd.

Y trydydd dydd ar ddeg o Ionawr,
Cafwyd rhyw olygfa ddirfawr,
Llosgi corff ei blentyn tyner –
O'r faith weithred drist ysgeler!

Mae ei gredo yn rhagori –
Beirdd a derwydd yw ei gwmpeini;
Carreg siglo yw ei bulpud,
Ac ni chreda ef mewn eilfyd,

Chwaith mewn cyfraith tir na nefo'dd,
Mewn priodas nac mewn anglodd,
Ond cydorwedd mewn anlladrwydd,
Dyna fwynhad Price y derwydd!

Ffodd i Ffrainc ar ôl y *Chartists*,
Ac fe luniai'i dad ei ewyllys;
I'w frawd i'engaf rhowd y moddion –
Dr Price nid oedd yn fodlon.

Torrodd ben ei dad ei hunan –
Aeth â'r penglog hwn i Lundan;
A chytunodd y meddygon
Fod y 'wyllys yn anghyfreithlon.

Yn Llantrisant mae ei drigfa,
Yn llawn cyfoeth, maeth a moetha,
Ac yn cysgu gyda'r forwyn
Enw hon yw Gwen Llewelyn.

Ganwyd iddynt blentyn gwryw,
Gwrthododd ef gofrestru hwnnw,
Gan ddweud mai ar y garreg siglo
Byddai'r Derwydd yn bedyddio,

Ac mai ei enw, os câi lwyddiant,
Iesu Grist o dref Llantrisant;
Ond y plentyn a fu farw
A'i fwriad oedd ei losgi'n lludw.

Casglu wnaeth i ben y mynydd
Tar ac olew, a phob tanwydd;
Yn y fflamau 'roed y baban,
Idd ei losgi mewn hen gasgan.

Miloedd lawer gasglent yno –
Pawb mewn bwriad idd ei rwystro,
Ac er bod ganddo arfau saethu,
Awd â'r Doctor i'r gagendy.

Duw a'n cadwo rhag fath grefydd,
A rhag llosgi cyrff ein gilydd;
Ond ein claddu yn y ddaear,
Fel cawn godi mewn cyfiawnder.

Hugh Roberts (Pererin Môn)

NICHOLAS EVANS

(Yr arlunydd o Drecynon)

Ni byddi, heb weddïo,
Yn troi i waith yr un tro.
Nosau hiraeth Osiris
Dyheu am greu heb dy Grist.
Hirlwm i ti fai darlun
Heb dosturi'n llenwi'r llun.

Yn y glaw, ai y glowyr
Mud â thân gorymdaith ddur
Yno'n llygaid rhai'n llwgu
Yn ddi-waith yw'r môr o ddu,
Neu wŷr tan chwip yn gwanhau,
Yn waed ar byramidiau?

Ac ai rhyw fam hagr o fain
Yn ymyl pwll y ddamwain,
Neu ai gwraig mewn esgor hir,
Gwraig yn ei hogo' a rwygir
Gan loes ei chroes chwerw yw hon –
Mam oer fel ael y meirwon?

Peinti'r dioddef cyntefig,
Gwae d'oes yn gymysg â dig
Ffaro brwnt yn taro'i brae,
Adlais o fyth a chwedlau
Am sgrechiadau oesau'n ôl,
Rhwyg y waedd sy'n dragwyddol.

Ag offer oes y cerrig
A dwrn gŵr yn darnio'i gig,
Eto o baent clwt-a-bys
Cwyd ofn arf, cyd-fyw'n nerfus
Fel sy 'nghanfas Picasso –
Â'n glwm *Guernica* a'r glo.

Emrys Roberts

Y REX, ABERDÂR

O lun braf!
Gwynnaf ein bro!
Dyro ymadrodd,
gwn y medri.

'Cerdd a roddaf i ti,
difwyn fydd pob cerdd wrthi.
A mynnaf arwr i'w chanu,
un o Wesleaid y selwloed,
gŵr a fu'n cylchu o deml i deml
hyd oni ddaeth sicrwydd i'w diwn.

Ymollwng i freichiau melfed dy gadair,
rho bleth ar dy fysedd blin.
Dilyn y golau a gwêl draw
megis mewn drych
ar waelod ei fwa
hen degwch dy fywyd.

Heno fy mhendefiges,
daw brawd o Fendigeidfran
i'th ddwyn o fyd poen ac amarch,
o gegin y pobi a'r gic
i lys teg na fyn dy dristáu.
Yma mae hyd i bob gofid,
i bla blot,
i lun ei raglunio
a byr yw galanas.
Daw, fe ddaw diwedd diddig
o rîl dwt sy'n datod dig.
A welaist o ofid
ni chofi mohono,
a galar ni ddaw i'r golwg.
Caeaf y drws a phell fydd dy drem.

Pell,
pellach fy ngwlad na bro breuddwyd,
pellach na'r dyfroedd tawel
y mynnaf dy dywys.

Cei wisgo'r haul ar dy wedd
a'r sêr yn dy wallt,
a'r porfeydd gwelltog yn wely
dan fraich dy anwylyd.
Esmwyth a moethus dy gwsg
a'r drws wedi'i gau.'

                    D. Jacob Davies

ABER-FAN 1989

Mae gwaed plant yn y ddaear hon,
yng ngwreiddiau'r danadl deillion,
ym merddwr araf yr afon:

mae gwaed plant ar y bannau llwm
yng nghurlaw prynhawniau'r hirlwm:
a dail y coed yn 'maflyd codwm.

mae gwaed plant yn gwlitho'r ddôl
a'u clwyfau'n difrïo'n ddeifiol
foeswersi'r feistres faterol:

mae gwaed plant yn furluniau
ar dalcenni balch y terasau'n
trallwyso'n goch y pyllau sy'n cau:

mae gwaed plant yn y wythïen segur
a rhwd parhaol eu dolur
yn ceulo ar y peiriannau dur:

mae gwaed plant ym meddau'r glo
a galar rhy ddrud i'w fewnforio'n
cadw'r dyffryn yn effro:

a gwaed plant yn feithriniaeth,
rhwng muriau cen ystadau caeth
tyf hadau tranc hen wladwriaeth.

Iwan Llwyd

PORTREAD O LÖWR

Fel llygoden wen trwy waliau Trealaw
   O faddon y pwll tesgir y colier bach glân
Â'i groen mor gain â genau negro.
   Seinia ei sgidiau fel clychau.

Â llygaid pinc fel llygoden wen
   A'i geg Gymreig yn ddu o Saesneg sâl
Meddylia mewn tyllau o haearn poblogaidd
   A seinia ei sgidiau fel clychau.

A erys o hyd dan ei ewyn gwyn
   Gantref hen melysach ei glychau,
Y bywyd del a orlifodd y llanw?
   Neu dim ond llygoden wen?

Mewn adeg o feddwdod agorwyd y dorau
   A thorrodd y llif dros ei wyneb a'i feddwl.
A gân eto glychau hen fel beddau
   I adfer dros dro fro a fu'n fras?

Rhyngddo fe a fi mae golau mwy llachar na ffrwydrad
   Er bod ein hwybrennau'n orlawn lawn o beth du;
Er bod y ddaear danom mor ansicr frau â'r cymylau,
   Rhyngddo fe a fi mae tynnu ar raffen gref.

Y cymoedd, hanes, cyfeillion, a phobl o'r hen wiriondebau,
   Y cymylau bychain hyn, yr edafedd gwreiddiog
Sydd fel breichiau annwyl o'n cwmpas mor agos
   Mor gywir rhag gwacter pygddu, pigog.

Bobi Jones

GUTO NYTH BRÂN

Mae mynwent yn Llanwynno
(Ni wn a fuost yno)
Lle rhoddwyd Guto o Nyth Brân
Dan raean mân i huno.

Ysgafndroed fel 'sgyfarnog,
A chwim oedd Guto enwog –
Yn wir, dywedir bod ei hynt
Yn gynt na'r gwynt na'r hebog.

Enillodd dlysau lawer;
Ond hyn sy'n drist, gwrandawer –
Fe aeth i'w fedd, er cyflymed oedd,
Flynyddoedd cyn ei amser.

Ymryson wnaeth yn ffolog,
Gan herio march a'i farchog
I'w guro ef ar gyflym daith
Dros hirfaith gwrs blinderog.

Daeth tyrfa fawr i ddilyn
Yr ornest awr y cychwyn –
A gwylio'r ddau a redai ras
O ddolydd glas y dyffryn.

Dros briffyrdd sych, caregog,
Dros gulffyrdd gwlyb a lleidiog,
Drwy'r llwch a'r dŵr y rhed y gŵr
A'r march fel dau adeiniog.

Drwy lawer pentref llonydd,
Lle saif yn yr heolydd,
Ar bwys eu ffyn, yr hen wŷr syn
A'u barfau gwyn aflonydd.

Dros lawer cors a mawnog
Y dwg y march ei farchog –
A Guto ar ei warthaf rydd
Ryw lam fel hydd hedegog.

A'r dyrfa yn goriain,
A chŵn y fro yn ubain;
Mae'r bloeddio gwyllt fel terfysg cad
Trwy'r wlad yn diasbedain.

Fel milgwn ar y trywydd
Y dringant ochrau'r mynydd;
Dros fryn a phant, dros ffos a nant,
Cydredant gyda'i gilydd.

Ac wele, dacw'r gyrchfan
O flaen y rhedwyr buan;
Mae Guto ar y blaen yn awr,
A'r dyrfa fawr yn syfrdan.

Nid oes ond canllath eto . . .
Ond ugain . . . decllath eto . . .
A dacw'r march yn fawr ei dwrf
Bron wddf am wddf â Guto.

Ysbardun llym a fflangell
Sy'n brathu'r march fel picell –
Ni thycia ddim; mae Guto chwim
O'i flaen ar draws y llinell.

A hirfloedd a dyr allan,
Gan lenwi'r dyffryn llydan –
Rhyw nerthol gawr, fel taran fawr,
A nef a llawr sy'n gwegian.

'Hwrê, Hwrê i Guto,
Nyth Brân a orfu eto';
Daw'r fanllef lon yn don ar don,
A'r gŵr bron â llesmeirio.

Ei riain a'i cofleidia
Gan guro'i gefn – ond gwelwa
Y llanc ar fron ei eneth lân,
Ac yna'n druan trenga.

Cei ddarllen ar y beddfaen
Sydd uwch ei wely graean
Yr hanes trist, ac fel y caed
E'n gorff wrth draed ei riain.

Ac am ei roi i huno
Ym mynwent wen Llanwynno,
'Rôl curo'r march, yn fawr ei barch
Mewn derw arch ac amdo.

Ac yno yn Llanwynno
Yr huna Guto eto;
Er cyflymed oedd – ni all y llanc
Byth ddianc oddi yno.

I. D. Hooson

ENGLYNION BEDDARGRAFF GUTO NYTH BRÂN

Rhedegwr gor-heini a gwrawl – cawr
   Yn curo'n wastadawl
   Oedd Gruffydd; e fydd ei fawl,
Ŵr iesin, yn arhosawl.

Glanffrwd

Y garreg hon a'r geiriad – a roddwyd
   I arwyddo cariad
   Ar ei lwch gan wŷr ei wlad
   I gyfiawn ddal ei gofiad.

Meudwy Glan Elái

MYNWENT Y MYNYDD

(Llanwynno)

Cwynfana'r awel mewn tristâd
   Uwchben y meirw llonydd
Sy'n gorwedd yma'n rhes a rhes
   Ym Mynwent Llan y Mynydd.

Ysguba'r stormydd dros y fan,
   A'r glaw yn curo arno;
Chwibanu'n groch wna'r gwyntoedd oer
   Uwch mynwent hen Llanwynno.

Ond tawel ddigon ydyw'r llu
   O fewn y mur sy'n huno,
Does storm na gwynt i dorri'u hedd
   Nes delo dydd y deffro.

Mae gwreng a bonedd yma'n un
   Yn frodyr yn yr angau;
Ni pharcha'r bedd na theitlau gwych
   Na chyfoeth chwaith, na graddau.

O un i un, o oes i oes,
   Ar elor yma daethant;
Ond gyda'i gilydd, dyrfa fawr,
   Yr olaf ddydd cyfodant.

Dan Evans

CYNEFIN

(Rhan)

Ynni oesol y noswynt
Oedd y gwin i'm dwyflwydd gynt;
Bu hwn ar fy ngobennydd
Yn dod â'i gryndod i'm grudd,
Rhyw drydan diwydiannol
A thân y Gwaith yn ei gôl.
Yr oedd her pob cerddoriaeth
Yn symffoni'r cewri caeth
Fu'n magu, magu fy mêr
Yn ei rwydi dibryder.

Ym maglau nos mi glywn i
Hen gynnwrf y wagenni;
Chwiban injan yno'n hir,
Yn feinach na'r gylfinir,
A phoer dig y ffrwd ager
O'i chlo yn uchel ei her.
Bu morthwylion aflonydd
Yn ceibio rhythm eu cainc brudd;
Cwm y tân, a'i hwyrgan e
Yn eirias hyd y bore.

Synau a sugnais unwaith
Ar fynwes gynnes y Gwaith;
Sugno o'r gro a'r awyr
Holl dôn anniwall y dur,
A iaith hon fu'n esmwytháu
Cyfnos a stelc ei ofnau.
Llifai'i maeth i gell fy mod
Fe pe'n diwel i dywod,
A dôi y wefr i'm gwaed i
Ar noswynt y ffwrneisi.

Robat Powell

COFIO ABER-FAN

(1966–1991)

Unwaith bu gan Gymru gof
maith nas cymathwyd
erioed, na'i erydu
gan ddagrau'r cenedlaethau a lethwyd:
cof diderfyn yn ymestyn ymhell
dros diriogaeth helaeth yr hil,
ac yn ôl drwy niwloedd canrifoedd yr iaith.
O fewn y cof hwnnw
yr oedd Arthur ac Urien,
a Gwên wrth Ryd Lawen yn herio'r dilead,
cof am gymoedd yn nyfnderoedd y dŵr,
ac am her Abergele'n gwaed.
Ond un dydd, ar fynydd yn Aber-fan,
un hydref pan lofruddiwyd diniweidrwydd,
ein cof eang, cyfewin
a wasgwyd i eirch ysgafn
pum troedfedd o hyd a dwy droedfedd o led
ym mynwent y cwm anial,
mynwent lle bu cymuned.
A mwyach,
yn naear fud Aber-fan,
cywasgedig o fewn casgedau
bychain pob celain yw'n cof:
maint eirch y gymuned hon.

Alan Llwyd

LLWCH

(Rhan)

Wedon nhw ddim
'i bod hi'n eira Awst yn y Cwm.
Wedon nhw ddim
bod y gwynt yn 'i gronni
ac yn 'i golofni'n lluwch
y tu hwnt i'r berth
ar y Llethr-ddu,
y tu hwnt i ddirnad croten fach deirblwydd.

Yn ddisymwth,
ro'dd deryn dierth ar y tra'th.
Pioden unig
yn dwyn 'i neges sinistr,
yn damshgel ar y cestyll . . .

Wedyn, do'dd dim nabod.

Wedyn . . .
Cofio tymor mynd â blode bob yn eilsul.
Cofio'i enwi yng ngatalog 'y mhader.
Cofio gosod llun y cyrra'dd yn 'i ffrâm.
Gweld 'i wyneb ond ffaelu cofio'i lais.

Cofio aelwyd heb ddyn arni . . .

Unweth,
pan o'dd Rhagfyr
yn sgubo'i eira lawr y Cwm,
ro'dd croten wythmlwydd wedi'i chloi
yng nghawdel hunlle'
'i fod e'n dala i drigo 'mhlith y bedde
y tu hwnt i'r berth.
Crafangu,
cwympo mas â'r ffenest,
Ysu am 'i weld e'n nesu
at y tŷ a'r tân . . .

Dihuno.

Clywed 'y nhra'd yn o'r
ond wedes i ddim.
Mam a merch yn esgus cysgu
ac yn breuddwyd'o
am ddyn eira.

Os yw'r Cwm dan eira heno,
ma'r Llethr-ddu yn wyn.

T. James Jones

DEFAID DUON CWM RHONDDA

Roedd defaid duon eraill yn y cwm,
   Heb fam na thad yn poeni am eu rhawd,
Yn crafu tamaid hyd y llethrau llwm,
   Eu carpiog wisgoedd hwythau'n destun gwawd;
Bob bore deuent fel rhyw fyddin gref
   I chwalu'r sbwriel ac i dramwy'n hy
Gan ddeffro pawb â rhyw wylofus fref
   A gadael ôl eu traed o flaen pob tŷ.
Pan ddaeth diweithdra yn y dyddiau blin
   Fel haint i fylchu rhengoedd gwlad y glo,
Gwŷr gorau byd mewn gweddi, neu mewn gwin,
   A'n c'lonnau 'nghlwm am byth, er newid bro,
Bu'r defaid duon gynt yn destun mawl
Am iddynt aros i felysu'r cawl.

Huw T. Edwards

TRIBANNAU

Mi dreuliais lawer diwrnod
Ar lan Sirhywi wiwglod,
I dynnu'r cnau ar frigau'r fro
A thwyllo'r glân frithyllod.

Mi fûm i sbel yn pudlo
Cyn dechrau gyda'r moldio,
Yn cadw tân i'r injan flast
A thrin ha'rn cast, a'i lwytho.

Anhysbys

Y DERI

(*Cyflwynedig i dri o ddewrion Cwm Cynon. Y ddiweddar Phyllis Butler, arweinydd y Mudiad Meithrin ym Mhenrhiw-ceibr; y diweddar Idwal Rees, prifathro cyntaf Ysgol Gymraeg Ynys-lwyd a'r diweddar Brychan Watkins, diacon yn Ramoth, Eglwys y Bedyddwyr, Hirwaun*).

I

Gwelaf o ben Craig y Mynach,
dirlun amgenach
a Chefn Rhos Gwawr,
Y Dillas,
Mynydd Merthyr,
a Choed y Dyffryn yn y tes.
Oddi tanaf mae'r Cynon yn llinell arian, loyw,
a'r llynnoedd yn glaerwynion;
hawdd dychmygu'r Goruchaf yn sboncio ar gledrau'r dâr,
yn gegrwth ger y llif gwydr,
yn gwylio'r byd hynod drwy len aneglur y dŵr,
yn gwirioni mewn salm ar ei greadigaeth.

II

Daeth y seirff a chwalu'r chwedlau,
dinoethwyd ein diniweidrwydd,
a phlannu egin chwant a chynaeafu cyni yn ei sgil.
Codwyd llan,
gwelwyd y corryn cyfalafol
yn gwau ei we o gylch cnul y clych,
a thair castanwydden groeshoeliedig bêr
i dyfu'n wargam yn eu canol.

Mae'r glöwr?
Mae'r tyddynnwr?
Mae'r merlod?
Dysgwyd iaith Yr Hwren Fawr
a chowtowio i'r drefn ysgarlad,

llenwi llys â phytiau *ffags* ein dyddiau,
a dychwelyd i unigedd y nodwyddau
i droi a thindroi o gylch ein pethau,
fel cŵn yn ffeindio cwts.

III

Er mor hagr yw'r Hwren,
dyma Eden i mi,
man fy Mabinogi, man fy ngeni.
Mynnaf gip drachefn
a gwelaf rym y Gwanwynau'n gwthio,
y blodau heyrn yn ffrwydro
a'r petalau yn ystyfnigo yn y gwres.
Heddiw, mae cenedlaethau yn llygadu plu'r gweunydd,
a llafn y wennol yn hollti'r glas,
mae ŵyn bach yn sugno maeth ar dir cors a gwaun,
yn troi pen ar ruthr y plu
sy'n dod i'w hoed ar ben Craig y Mynach,
a Chefn Rhos Gwawr,
Y Dillas,
Mynydd Merthyr,
hyd Goed y Dyffryn.

Gwyn Morgan

YSGOL GYMRAEG BARGOED

(ar achlysur ei phen-blwydd yn 21 oed)

I

Hen, hen dir, filltiroedd –
diffaith a'i heniaith yn hesb;
rhy fusgrell i falio'i ganrifoedd.

Hen, hen dir, filltiroedd –
O, rhy dlawd yr ardal hon!
Dloted ymysg cenhedloedd!

Hen, hen dir, filltiroedd –
a'i bobl heb wybod, mwy na'i blant,
wyrthiau ei hanes a'i hen werthoedd.

II

Nes ar dro i'r henfro hon
o'i charu wisgo'i choron;
yr ysgol waredigol hon.

Rhoi iddi enw i'w arddel,
deffro cymdogaeth a fu mor dawel;
troi sarhad yn grwsâd trwy sêl.

Rhoi urddas dysg a wna'r ysgol
a chymryd ein rhai bychain i'w chôl;
a'i nod hefyd yw ein dyfodol.

Rhydwen Williams

ENGLYNION

CYLCH MEITHRIN NEWYDD GLYN EBWY

Cawn winwydden yr heniaith – yn uchel
  O lwch ein gwanobaith,
  Ac o ro cwmwd y graith
  Gwin i'w hil a gawn eilwaith.

YSGOL GYMRAEG CAERFFILI

Grym y gwyr a'u magwyrydd – ni allod
  Dywyllu dy gynnydd;
  Ti mwy yw caer y ceyrydd
  A'r iaith ar dy dyrau'n rhydd.

YSGOL GYMRAEG YNYS-WEN

Lleda hwyr trwy gyll y darren, – oeda'r
  Cysgodion hyd domen;
  Gwawrddydd sydd yn Ynys-wen
  A'i haul hi yw'n hiaith lawen.

Robat Powell

YSGOL LLYN Y FORWYN, Y RHONDDA FACH

Wele yma adeilad – a godwyd
I gadw i'n mamwlad
Heniaith bro ar waetha'r brad
A'i delw rhag dilead.

Lle bu pair, lle bu peiriant – hwteri
Gwatwarus diwydiant;
Wedi'r gwyll, caer diwylliant –
Pa le amgenach i'n plant?

Rhydwen Williams

TRIDIAU YN ABER-FAN

Dydd o hwyl oedd y dydd Iau,
a choelcerth eu chwerthin
llon hwy'r plant yn llenwi'r plwy
dialar amser chwarae.

A chanai y gloch yn glir
gan lonyddu i waith y gobaith gwyn, –
cowboi yn ddisgybl mewn caban o ddesg,
a dalec yn ymdawelu.

Fel dol, wrth ei dyfal dasg,
yn y distawrwydd gwenai'r bumlwydd binc
a'i harlais deg yn gyrls du gloyw fel glo.
A'i brawd, yr un bach brwd arian byw,
ar wib trwy'i waith,
ac fel ei lyfr, yn odidog o flêr.

Ac mor wych oedd y ceffyl syrcas glas,
Ac, wrth gwrs, y glöwr
ar y waliau yno yn fyw gan ddarluniau'r
artistiaid gonest,
a llun draig yn loddest o liw.

A thrwy niwl yr hydref, i'w cartrefi,
âi eco rhigymai'r lleisiau llon
yn hyder ysgafn trwy ffenestri'r ysgol, –
llanw eu cân yn llenwi y cwm.

Diweddodd y ganig ar y dydd Gwener
pan lithrodd draig arall yn sydyn allan
o'i hogo ddofn, –
pan sleifiodd draig ddu heb rybudd o'r mynydd mawr.

Draig o lo yn ymdreiglo i lawr
I lorio â'i hysgwydd waliau'r ysgol
yn filain wyllt, heb roi cyfle i neb
ffoi rhag ei chorff hyll.

Ei genau enfawr yn rhwygo nenfwd,
a'r traed trwm yn disgyn ar y desgiau;
llofrudd llyfr
yn rowlio'n y llaid gan falurio'r darluniau lliw
yn dynn yn y dannedd noeth,
a'r anadl grasboeth a ysodd y dosbarth.

Sŵn chwil brics yn chwalu,
a sŵn cwyno a phoen lle bu sain cân a phiano.

A chyrff plant fel chi,
y merched gwyn, a'r bechgyn bochgoch
fel deiliach crin o tan ewinedd
y ddraig greulon ac ofnadwy honno.

★   ★   ★

Yna'r Sadwrn arswydus,
a'r ysgol dawel yn gelain
wedi difaol daith y bwystfil du;
llonyddwch mynwent lle bu llawenydd iach a mwyn.

Ymledodd y boen pan welodd y byd
cyfan y golled ar y teledydd;
ac araf ing a chwilio hir,
crafangu a chlirio lleddf wedi'r lladd.
Gweld craith y drychineb ar wynebau
rhieni'r rhai annwyl,
wedi'r diwrnod mwyaf du a fu
yn Aber-fan.

Emrys Roberts

ENGLYNION

Y RHONDDA
(i'r Cynghorydd Glyn James)

Haenau glas yw'r tipiau glo yma'n awr,
    Mae'n hiaith yn ailgydio,
    A thrwy'r cwm hyd lethrau'r co'
    Y duwch sy'n blodeuo.

Idris Reynolds

DIOLCH DYSGWRAIG O FERTHYR

Am roi eich hiaith, mawr y'ch chi – am dywys
    fy myd i oleuni
    gair, a chynnau, gwreichioni
    a thanio iaith yno i.

Aneirin Karadog

CYDNABYDDIAETHAU

Mae amheuaeth am awduraeth un neu ddwy o gerddi'r casgliad hwn, ac ni fu'n bosib cael ateb pendant bob tro. Lle bo ansicrwydd ai'r bardd a enwir yw'r bardd mewn gwirionedd, nodwyd hynny yn y testun gan [?] o flaen ei enw. Rhestrir y ffynhonnell briodol isod.

Hoffai'r golygydd a'r Wasg gydnabod y ffynonellau isod:

Anhysbys: 'Coed Glyn Cynon', *Cwm Cynon* (Gwasg Gomer); 'Penillion', *Ar Dafod Gwerin: Penillion Telyn Bob Dydd* (Cymdeithas Lyfrau Ceredigion); 'Cân Merthyr', *Canu'r Cymry* (Cymdeithas Alawon Cymru); 'Bachgen bêch o Ddowlais', tribannau amrywiol, *Tribannau Morgannwg* (Gwasg Gomer); 'I Syr William Thomas Lewis', 'Cân Alarus', 'Cân Merthyr', 'Penillion Galw', casglwyd gan y golygydd

Ben Bowen: 'Cri y Glöwr', 'Moel Cadwgan', *Caniadau Cwm Rhondda* (Foyle's)

Cynan: 'Cwm Rhondda', *Caniadau Cwm Rhondda* (Foyle's); 'Y Dyrfa', *Cerddi Cynan* (Gwasg Gomer)

Catrin Dafydd: 'Brechdan', 'Nos-da o Ben Graig-wen', gan yr awdur

Myrddin ap Dafydd: 'Gorymdaith (wrth gofio Rod Barrar)', *Cyfansoddiadau a Beirniadaethau Eisteddfod Genedlaethol Cymru 2002* (Llys yr Eisteddfod Genedlaethol)

D. Jacob Davies: 'Y Rex, Aberdâr', 'Gardd Aberdâr', *Y Mynydd Teimladwy* (Llyfrau'r Dryw)

Gareth Alban Davies: 'Dau Löwr', *Baled Lewsyn a'r Môr* (Gwasg Gee); 'I ddathlu Richard Morris', *Cwm Rhondda* (Gwasg Gomer)

Grahame Davies: 'Y Cymoedd Diwydiannol', *Taliesin* 118

Idris Davies: 'Cwm Rhymni', *The Complete Poems of Idris Davies* (Gwasg Prifysgol Cymru); 'Rhymni', *Awen yr Hwyr* (Gwasg Gee)

James Kitchener Davies: 'Sŵn y Gwynt sy'n Chwythu', *James Kitchener Davies: detholiad o'i waith* (Gwasg Prifysgol Cymru)

Pennar Davies: 'Pan Oeddwn Fachgen', 'Yr Efrydd o Lyn Cynon', *Yr Efrydd o Lyn Cynon a Cherddi Eraill* (Llyfrau'r Dryw)

Samuel Davies (Sam y Delyn): 'Ar Ben Waun Tredegar' (pennill 3 a 4) [Mae pennill 1 a 2 yn draddodiadol], casglwyd gan y golygydd

William Edmund (Gwilym Glan Taf): 'Globyllau newyddion Ynysowen – Merthyr Vale', cyhoeddiad preifat, casglwyd gan y golygydd

Huw T. Edwards: 'Keir Hardie', 'Defaid Duon Cwm Rhondda', *Ar y Cyd* (Gwasg y March Gwyn)

Dan Evans: 'Mynwent y Mynydd', *Tribannau Morgannwg* (Gwasg Gomer)

Donald Evans: 'Rhydwen', *Y Cyntefig Cyfoes* (Cyhoeddiadau Barddas)

Thomas Evans (Telynog): 'Cwm Rhondda', *Caniadau Cwm Rhondda* (Foyle's)

Glanffrwd: 'Englyn Beddargraff Guto Nyth Brân', *Plwyf Llanwynno: yr hen amser, yr hen bobl a'r hen droion* (Pontypridd)

J. Gwyn Griffiths: 'Ffynnon Fair, Penrhys', *Yr Efengyl Dywyll a cherddi eraill* (Gwasg Aberystwyth)

Gwenallt: 'Cwm Rhondda', *Cerddi Gwenallt: Y Casgliad Cyflawn* (Gwasg Gomer)

Gwilym Harri: 'Tribannau', *Tribannau Morgannwg* (Gwasg Gomer)

I.D. Hooson: 'Guto Nyth Brân', *Cerddi a Baledi* (Gwasg Gee)

Lewis Hopcyn: 'I Bont Pontypridd', casglwyd gan y golygydd

Jenkin Howell: 'Tribannau', *Tribannau Morgannwg* (Gwasg Gomer)

John Hywyn: 'Yn Ieuenctid y Dydd (Er cof am blant Aber-fan)', casglwyd gan y golygydd

Dafydd Islwyn: 'Bargoed', *Golwg*, 29 Gorffennaf 2004; 'Clychau', gan yr awdur

Islwyn: 'Atgofion y Sirhywi', *Cymru* [Cyfres Blodau'r Grug] (Hughes a'i fab)

Christine James: 'Wyna, Tynewydd', gan yr awdur; 'Y Ffrances a'r Gymraes', *Cyfansoddiadau a Beirniadaethau Eisteddfod Genedlaethol Cymru 2005* (Llys yr Eisteddfod Genedlaethol)

E. Wyn James: 'Gwreiddiau', gan yr awdur

Bobi Jones: 'Portread o Löwr', *Casgliad o Gerddi* (Cyhoeddiadau Barddas)

Dafydd Jones: 'Marchnad Aberdâr ar nos Sadwrn', *Baledi Morgannwg* (Gwasg Prifysgol Cymru)

T. Gwynn Jones: 'Senghennydd', *Manion* (Hughes a'i Fab); 'Y Gerdd a Gollwyd (Er Cof am Ben Bowen), *Caniadau Cwm Rhondda* (Foyle's)

T. James Jones: 'Llwch', *Eiliadau o Berthyn* (Cyhoeddiadau Barddas)

T. Llew Jones: 'Aber-fan', *Cerddi Newydd i Blant* (Gwasg Gomer)

Aneirin Karadog: 'Darluniau', 'Diolch Dysgwraig', gan yr awdur

[?]Alun Lewis: 'Hen dribannau', *Cyfoeth Cwm* (Cyhoeddiadau Modern Cymreig)

Emyr Lewis: 'Porthcawl I a II', *Amser Amherffaith/Dysgu Deud Celwydd yn Tsiec* (Gwasg Carreg Gwalch)

Saunders Lewis: 'Y Dilyw, 1939', *Byd a Betws* (Gwasg Aberystwyth)

Lewys Morgannwg: 'Moliant Mair o Ben-rhys', *Gwaith Lewys Morgannwg* (Gwasg Prifysgol Cymru)

Alan Llwyd: 'Cofio Aber-fan (1966–1991)', 'Rhydwen', 'Kitch', *Y Casgliad Cyflawn* (Cyhoeddiadau Barddas)

Iwan Llwyd: 'Aber-fan 1989', *Dan fy Ngwynt* (Gwasg Taf)

Meudwy Glan Elai: 'Englyn Beddargraff Guto Nyth Brân', casglwyd gan y golygydd

Dyfnallt Morgan: 'Y Llen', *Rhywbeth i'w Ddweud* (Gwasg Gomer)

Gwyn Morgan: 'Y Deri', *Cwm Cynon* (Gwasg Gomer)

T. E. Nicholas: 'Tomen Mamon', *Y Tyst*, 29 Rhagfyr 1966

R. Williams Parry: 'Y Glôwr', *Yr Haf a Cherddi Eraill* (Gwasg Gee)

Iorwerth Peate: 'Wrth weled tref Bargoed', *Crwydro Blaenau Morgannwg* (Christopher Davies)

Robat Powell: 'Cywydd Croeso Eisteddfod yr Urdd, Islwyn, 1997', 'Cysgodion', 'Ysgol Gymraeg Caerffili', 'Ysgol Gymraeg Ynys-wen, Treorci', 'Cylch Meithrin Glynebwy', 'Croeso i Gwm Rhymni', 'Cynefin', *Haearn Iaith* (Gwasg Gomer)

Idris Reynolds: 'Y Rhondda (i'r Cynghorydd Glyn James)', *Barddas* Chwefror 1996

Emrys Roberts: 'Tridiau yn Aber-fan', 'Nicholas Evans', 'Cwm Rhymni 1990', *Rhaffau a Cherddi Eraill* (Cyhoeddiadau Barddas)

Hugh Roberts (Pererin Môn): 'Cân Newydd', casglwyd gan y golygydd

Dafydd Rowlands: 'Ffatri'n y Rhigos', *Yr Wythfed Dydd* (Christopher Davies)

Meic Stephens: ''Wteri' o'r gyfres 'Cerddi'r R'yfelwr Bychan', gan yr awdur

Gwilym Tew: 'Awdl i Fair o Ben-rhys' (detholiad), *Efrydiau Catholig* Cyf 5, 1951

Gwilym R. Tilsley: 'Awdl Foliant i'r Glôwr', *Cyfansoddiadau a Beirniadaethau Eisteddfodol Genedlaethol Caerffili, 1950* (Llys yr Eisteddfod Genedlaethol)

Arthur Thomas: 'Tanchwa', *Cyfansoddiadau Eisteddfod Môn 2005* (Llys Eisteddfod Môn)

[?]Lewis Wiliam: 'Yr Hoywal Newydd', casglwyd gan y golygydd

J. J. Williams: 'Dai', 'Magdalen', *Caniadau Cwm Rhondda* (Foyle's)

Rhydwen Williams: 'Y Ffynhonnau', 'Y Chwyldro Gwyrdd', 'Senghennydd', *Cerddi Rhydwen Williams: Y Casgliad Cyfan* (Cyhoeddiadau Barddas); 'Y Cymoedd', *Cwm Rhondda* (Gwasg Gomer); 'Y Ddau', 'Rhigos', 'Ysgol Llyn y Forwyn', *Bro a Bywyd: Rhydwen Williams* (Cyhoeddiadau Barddas); 'Ysgol Gymraeg Bargoed', *Ys Gwn i* (Cyhoeddiadau Barddas)

Richard Williams (Dic Dywyll): 'Cân Newydd', casglwyd gan y golygydd

Cyfres Cerddi Fan Hyn

Mynnwch y gyfres i gyd!

I DDOD:
Meirionnydd
gol. Siân Northey

Casgliad o gerddi'n ymwneud ag ardal arbennig sydd yn y gyfres ddifyr hon, cyfres sydd yn ein tywys ar hyd a lled Cymru trwy gyfrwng barddoniaeth. Yn wahanol i gyfresi o gerddi bro y gorffennol, nid ar y beirdd ond ar eu testun y mae'r pwyslais yn y gyfres hon: mae pob cerdd yn sôn am yr ardal, ei hanes neu ei phobol.

Brodor o sir Fôn yw uwch-olygydd y gyfres, sef R. Arwel Jones, neu Rocet i'w ffrindiau, ond mae'n fab mabwysiedig i Aberystwyth, ac i'r Llyfrgell Genedlaethol bellach.

£6.95 yr un

Golygyddion:
Bethan Mair ac R. Arwel Jones

Ymadael â Chymru'n llwyr a
wnawn yn y casgliad hwn, a mynd
gyda'r beirdd i bedwar ban byd.
Gan gychwyn yn yr Hen Ogledd
gyda'r 'Gwŷr a aeth Gatraeth' a
mynd i bob cwr o America, Ewrop
ac Asia, heb anghofio Lloegr,
Iwerddon a'r Alban, gallwn weld sut
y bu i feirdd Cymru ymateb i
fannau hardd a hagr y byd, mewn
llonyddwch ac mewn gwrthdaro.
Profiadau Cymry oddi cartref sydd
yma'n bennaf, ond cawn gwrdd
hefyd ag ambell 'ddinesydd y byd' –
fel y ferch ar y Cei yn Rio.

Golygydd: Bethan Mair

Sir y cestyll Cymreig, y dyffrynnoedd
deiliog, y trefi prysur a'r pentrefi
cysglyd yw Sir Gâr. Sir Gymreiciaf
Cymru o ran nifer y siaradwyr
Cymraeg – trigolion Pontyberem a
Phont-ar-sais, Llanelli a Llangeler,
Rhydaman a Rhandirmwyn.
Sir glowyr a ffermwyr, emynwyr a
chewri rygbi. Sir Gwynfor, sir yr 'Ie'
hanesyddol. Os oes un sir a all honni
ei bod yn crynhoi Cymru gyfan o
fewn i'w ffiniau, Sir Gâr yw honno!
Dewch ar daith hudolus, heb symud
o'ch unfan, trwy gyfrwng detholiad o
gant o'r cerddi mwyaf cofiadwy am
yr ardal amrywiol ac anhepgor hon o
Gymru.

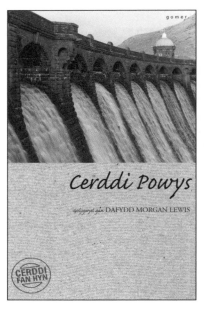

Golygydd: Dafydd Morgan Lewis

Sir fwyaf Cymru, a'r un leiaf poblog, sy'n cael sylw'r gyfrol hon, a chyfrinach a gadwyd rhag gweddill y wlad yw'r bwrlwm o ddiwylliant, hanes a Chymreictod sydd ynddi. O'r Berwyn yn y gogledd hyd at flaenau'r Cymoedd yn y de, y sir hon yw asgwrn cefn Cymru: sir Cilmeri a'r cronfeydd, Ann Griffiths ac Owain Glyndŵr, Epynt ac Efyrnwy. Maes y gad, ar sawl gwedd, yw Powys. Dewch ar daith hudolus, heb symud o'ch unfan, trwy gyfrwng detholiad difyr o gant o'r cerddi mwyaf cofiadwy am yr ardal anghofiedig, ond canolog, hon o Gymru.

Golygydd: Aled Lewis Evans

Croesi afon Conwy ac anelu am y ffin a wnawn yn y gyfrol hon. O gopa Moel Famau gwelir holl glytwaith lliwgar Clwyd: ei harfordir glan-môr, ei dyffrynnoedd breision a'i hucheldiroedd anial. O'r Rhyl i Ruthun i Rosllannerchrugog, o Lansannan heibio i Lanelwy i Lanasa, cewch eich tywys ar daith hudolus heb symud o'r fan, trwy gyfrwng detholiad difyr o gant o'r cerddi mwyaf cofiadwy am yr ardal arbennig hon a'i thrigolion ddoe a heddiw.

Golygydd: Hywel Gwynfryn

Mynd adre at Mam wnawn ni yn y casgliad hwn. Rhaid croesi'r Fenai i Wlad y Medra a'i gogoniannau, sy'n cynnwys traethau bendigedig, trefi a phentrefi difyr a chymeriadau heb eu hail. O Landdona i Landdwyn, o Fiwmares i Frynsiencyn, yng nghwmni Charles Williams, Keith Best a'r Bardd Cocos, ymhlith eraill, cewch eich tywys ar daith hudolis heb symud o'r fan, trwy gyfrwng detholiad difyr o gant o'r cerddi mwyaf cofiadwy am yr ynys arbennig hon a'i thrigolion ddoe a heddiw.

Golygydd: R. Arwel Jones

Cadernid Gwynedd sydd wrth galon y casgliad diweddaraf hwn, ac 'amlinell lom y moelni maith' yn ei amgylchynu. Dacw'r Wyddfa a'i chriw, dacw gestyll a chwareli; Caernarfon a Chwm-y-glo; Rhyd-ddu a Rhosgadfan; Bangor a Beddgelert: y mynydd a Menai. Dewch ar daith hudolus i Arfon heb symud o'r fan, trwy gyfrwng detholiad difyr o gant o'r cerddi mwyaf cofiadwy am yr ardal arbennig hon o Gymru.

Golygydd: R. Arwel Jones

Y tro hwn, cyrhaeddodd y daith farddol o amgylch Cymru ddwy fro rhwng môr a mynydd– ardaloedd Llŷn ac Eifionydd. Dewch i Aberdaron a Thremadog, i Borth-dinllaen a Chwm Pennant, yng nghwmni beirdd mor amrywiol â Cynan a Twm Morys. Cewch eich tywys ar daith hudolus i Benrhyn Llŷn ac Eifion, heb symud o'r fan, trwy gyfrwng detholiad difyr o gant o'r cerddi mwyaf cofiadwy am yr ardal fendigedig hon o Gymru

Golygydd: Heini Gruffudd

I dref 'hyll, hudol' Dylan Thomas, a'r ardal o'i chwmpas y trown yn y gyfrol hon. Abertawe yw ail ddinas Cymru, ond tref farchnad glan-môr yw hi yn y bôn. Tref Saesneg yw hi i'r Cymry sy'n byw ar ei chyrion, ond clywir y Gymraeg ar ei strydoedd yn fynych iawn. Mae'r cerddi yn y gyfrol hon yn pontio'r cyfnodau cyn i ddiwydiant reibio'r ardal, ac wedi i'r cwm ddod yn wyrdd yr eildro, ac adlewyrchant falchder pobol y fro yn eu Cymreictod a'u treftadaeth. Dyma gyfle i'r Gymraeg hawlio'i lle ar fap llenyddol Abertawe, map a lenwyd hyd yn hyn gan un gŵr o Gwmdonkin.

Golygydd: Mererid Hopwood

Yn sir Benfro y cychwynnwyd ar y daith farddol hon o amgylch Cymru, bro'r meni a'r môr. Dewch i Bwllderi a'r Preseli, i Dyddewi a Chwm Cleddau, yng nghwmni beirdd mor amrywiol â Gwenallt a Twm Morys – heb anghofio Waldo, wrth gwrs. Cewch eich tywys ar daith hudolus i sir Benfro, heb symud o'r fan, trwy gyfrwng detholiad difyr o gant o'r cerddi mwya' cofiadwy am yr ardal hudolus hon o Gymru

Golygydd: Lyn Ebenezer

I hen sir Aberteifi y trown yn y gyfrol hon – dyma sir gyfoethog a chyforiog o gymeriadau a lleoliadau gogoneddus. Dacw Nant y Moch a Chwm Alltcafan, Llanbadarn a Llandysul, Pumlumon a Phantyfedwen; teulu'r Cilie, Lewisiaid Gwasg Gomer a Peter Goginan ymysg llawer iawn mwy. Cyfrol anhepgor i bob Cardi – a phob Cymro!

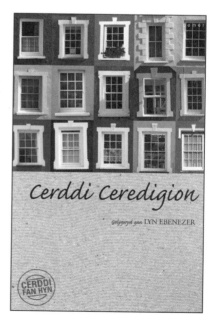

Golygydd: Catrin Beard

Prifddinas Cymru ddaw i'n sylw y tro hwn, dinas Shirley Bassey a Geraint
Jarman, Radyr a Riverside, Le Gallois a Caroline Street. Cartre'r Cynulliad,
Clwb Ifor Bach a'r Cameo, cyrchfan Cymry ifanc cefn gwlad – rhai'n dod
ar gyfer penwythnos gêm fawr, rhai byth yn mynd adre. Hon yw un o brif
ddinasoedd ieuengaf Ewrop – dim ond ers 1955 y daeth yn brifddinas
Cymru a dim ond ers prin ganrif y bu'n ddinas o gwbl! Mae'r cerddi'n
ceisio adlewyrchu holl wynebau'r profiad dinesig Cymraeg a geir yng
Nghaerdydd, o'r Dinesydd a'r Amgueddfa Werin i'r bur hoff Fae a'i
thrigolion brith. Dewch ar daith gyffrous, heb symud o'ch unfan, trwy
gyfrwng detholiad o gant o'r cerddi mwyaf cofiadwy am yr ardal
ddeinamig ac amrywiol hon o Gymru.